CB045523

Culinária da
SOJA

LOUISE HAGLER

Culinária da
SOJA

*Um guia para
uma vida mais
saudável*

Tradução
Maria Clara De Biase W. Fernandes

Consultoria técnica
Marta Moeckel
Nutricionista

NOVA ERA

CIP-BRASIL. CATALOGAÇÃO-NA-FONTE
SINDICATO NACIONAL DOS EDITORES DE LIVROS, RJ

H166c

Hagler, Louise
  Culinária da soja / Louise Hagler ; tradução de Maria Clara De Biase W. Fernandes ; consultoria técnica Marta Moeckel. - Rio de Janeiro : Nova Era, 2008.

  Tradução de: Soyfoods cookery
  Inclui índice
  ISBN 978-85-7701-212-1

  1. Culinária vegetariana. 2. Soja como alimento. I. Título.

08-1709.   CDD: 641.5636
                                                      CDU: 641.56

Título original
SOYFOODS COOKERY

Copyright da tradução © 2007 by EDITORA BEST SELLER LTDA
Copyright © 1996 by Louise Hagler

Capa: Mello e Mayer
Projeto Gráfico e Diagramação: ô de casa
Revisão de tradução: Fátima Maciel

Todos os direitos reservados. Proibida a reprodução,
no todo ou em parte, sem autorização prévia por escrito da editora,
sejam quais forem os meios empregados, com exceção das resenhas literárias, que podem reproduzir algumas passagens do livro, desde que citada a fonte.

Direitos exclusivos de publicação em língua portuguesa para o Brasil
adquiridos pela EDITORA NOVA ERA um selo da EDITORA BEST SELLER LTDA.
Rua Argentina 171 – Rio de Janeiro, RJ – 20921-380 – Tel.: 2585-2000
que se reserva a propriedade literária desta tradução

Impresso no Brasil
ISBN 978-85-7701-212-1

PEDIDOS PELO REEMBOLSO POSTAL
Caixa Postal 23.052
Rio de Janeiro, RJ – 20922-970

Os cálculos para as análises nutricionais neste livro se baseiam no número médio de porções relacionadas com as receitas e na quantidade média de um ingrediente se uma variação é necessária. Os cálculos são arredondados para o grama mais próximo. Se duas opções para um ingrediente são relacionadas, a primeira é usada. Não estão incluídos a gordura usada para fritar, a menos que a quantidade esteja especificada na receita, ingredientes opcionais ou sugestões de porções.

Sumário

Prefácio, de Louise Hagler
7

Introdução, de Mark Messina
e Virginia Messina, nutricionistas
9

Alimentos essenciais à base de soja
27

Alimentos à base de soja para bebês e crianças
39

Café-da-manhã, lanche e pães
41

Soja integral
71

Molhos, pastas e dips
89

Sopas e saladas
103

Pratos principais
123

Sobremesas
167

Bebidas e iogurtes
201

Índice
213

Prefácio

A soja é a base de minha alimentação há mais de 25 anos. A primeira experiência que tive com ela foi em meados da década de 1960, quando era adolescente e jantava nos restaurantes japoneses de Seattle. Fiquei intrigada com o tofu servido como um ingrediente do sukyaki. Naquele tempo, eu nem imaginava o quanto essa trêmula coalhada branca, bem como outros alimentos à base de soja, se tornaria importante em minha vida.

Desde 1971, participo de uma comunidade no Tennessee chamada The Farm. Ao longo dos anos, experimentamos todo tipo de alternativa para levar um estilo de vida simples, porém elegante, e que pudesse ser adotado em âmbito global. Nos primeiros dias de existência da comunidade, criamos uma dieta vegetariana saudável à base de soja. Víamos esse alimento como uma fonte de proteína completa, ecológica, econômica e versátil capaz de alimentar um planeta superpovoado e faminto. Começamos, então, um trabalho em equipe a fim de alcançar nosso objetivo, inicialmente, apenas dentro de nosso próprio grupo. Usando a soja como base em receitas que já nos eram familiares, fizemos experiências que partilhamos procurando nos apoiar mutuamente, a fim de que nossas criações ficassem cada vez mais saborosas, saudáveis e econômicas. Esse trabalho cooperativo em nossa comunidade também deu origem a dois livros, *The Farm Vegetarian Cookbook* e *Tofu Cookery*.

A soja é um alimento muito nutritivo, possui diversos usos e produz mais proteína aproveitável por acre de plantação do que qualquer outro cultivo agrícola. Isso tem especial importância nas áreas do mundo em que os alimentos e a terra arável são escassos. Ela pode ser facilmente adaptada à maioria das receitas de culinária. Alguns membros de nosso grupo tiveram a oportunidade de levar a soja a outras partes do mundo, onde pôde ser observada uma grande diferença na saúde e no bem-estar das pessoas. Conheço centenas de adultos, jovens e crianças saudáveis criados com uma alimentação à base de soja e que são provas vivas não somente do valor nutricional desse grão como também de uma dieta vegetariana.

Vegetarianos ou não-vegetarianos podem se beneficiar com as incríveis propriedades da soja, a qual está sendo estudada tanto por seu valor nutricional como também por sua capacidade de tratar e/ou prevenir doenças. Meus sinceros agradecimentos a Mark e Virginia Messina, por partilharem seus conhecimentos e sua experiência sobre as qualidades muito especiais desse tipo de alimento na introdução a seguir.

Ainda hoje cozinho e experimento todos os tipos de extraordinários produtos derivados da soja. Continuo a criar receitas diferentes e saudáveis que agradam ao paladar e ao bolso. Tofu, tempeh, leite de soja, missô, proteína vegetal texturizada e outros alimentos à base de soja, tão fáceis de encontrar, são como camaleões culinários que podem aprimorar suas refeições diárias de formas variadas agradáveis e simples. Este livro apresenta receitas deliciosas de pratos populares e fáceis de preparar que têm como ingredientes alimentos à base de soja. Ponha um pouco de soja em sua vida e siga o caminho para uma saúde melhor!

Louise Hagler

Introdução

Há séculos a soja desempenha papel de destaque na cozinha oriental. Embora seja um hábito alimentar relativamente novo para o Ocidente, ela está sendo consumida com crescente entusiasmo. Uma pesquisa mostrou que 26 milhões de americanos já incluem soja em sua dieta. Há chance de que esse número aumente em um futuro não muito distante. A soja está se tornando a grande novidade à medida que cientistas acumulam cada vez mais dados que relacionam esse antigo alimento com a saúde.

Por que tanto interesse pela soja? Há dois motivos. O primeiro é que alimentação saudável implica mudança para uma dieta mais baseada em vegetais. A soja torna essa transição muito mais fácil. Trata-se de um alimento rico em nutrientes que facilita a aceitação de uma dieta mais saudável. E, dada sua versatilidade e facilidade de preparação, torna muito rápido o planejamento de um cardápio equilibrado. Especialmente a variedade de produtos disponíveis no mercado e a possibilidade de usá-la para substituir a carne e os laticínios nas receitas tornam a soja adequada para uma alimentação vegetariana. Eis algumas sugestões de como a soja pode contribuir para um padrão alimentar mais saudável:

> ❏ Como todos os alimentos de origem vegetal, a soja é livre de colesterol e apresenta baixo teor de gordura saturada. Substituir a carne em sua dieta por pratos que incluam tofu, tempeh e proteína vegetal texturizada reduz a ingestão de colesterol e gordura saturada e pode diminuir o consumo total de gordura.

- Muitos alimentos de soja (especialmente soja integral, tempeh e proteína vegetal texturizada) são fontes de fibras solúveis e insolúveis, relacionadas com a redução do risco de doenças cardíacas e câncer. A maioria dos norte-americanos consome muito pouco desse saudável carboidrato. Para aumentar a ingestão de fibra é importante consumir mais alimentos de origem vegetal.
- Leite de soja, tofu, iogurte e sorvete de soja (e receitas que incluem esses alimentos) podem substituir os laticínios em sua dieta. Estão isentos de colesterol e têm baixo teor de gordura saturada, a qual, normalmente, é encontrada nos laticínios desnatados e integrais. Também são livres de lactose, o açúcar do leite, que causa muitos problemas digestivos quando consumido diariamente.
- A soja é rica em nutrientes, inclusive proteína, cálcio, ferro e vitaminas do complexo B.

Soja: Uma fonte de nutrição

A soja é uma planta da família das leguminosas, um grupo alimentar que inclui o feijão, a ervilha e a lentilha. Esses alimentos formam um grupo rico em proteínas e fibras e pobre em gordura. A soja é, de certa forma, única entre as leguminosas, porque tem um teor excepcionalmente elevado de proteína de excelente qualidade e um pouco mais de gordura do que outras leguminosas. Cerca de 35 por cento de suas calorias provêm da proteína e cerca de 40 por cento da gordura.

Embora o teor de gordura da soja preocupe algumas pessoas, há no mercado um número crescente de produtos à base de soja com pouca gordura, como tofu e leite de soja. Alguns, como a proteína vegetal texturizada, são totalmente isentos. Há duas vantagens no tipo de gordura que se encontra nesses alimentos. A primeira é que a maior parte dessa gordura é insaturada. Portanto, substituir carne, queijo e leite integral e desnatado por alimentos à base de soja pode ajudar a reduzir o colesterol. A segunda vantagem é que a soja contém um tipo de ácido graxo que é essencial na dieta e relativamente escasso nos alimentos de origem vegetal. Trata-se do ácido linolênico, um dos ácidos graxos ômega-3, que estão ligados à diminuição do risco de câncer e de doenças cardíacas.

Embora os cientistas saibam há muito tempo que a soja é rica em proteínas, a importância desse nutriente tem sido subestimada, pois sua grande qualidade se baseia no quão bem ela é digerida e no padrão específico de aminoácidos (seu componente básico) no alimento. Até um passado recente, as proteínas eram avaliadas pelo modo como ratos jovens alimentados com elas se desenvolviam: os que eram alimentados com soja não se desenvolviam tanto quanto os alimentados com proteínas de origem animal. Agora admite-se que isso ocorre porque os roedores têm necessidades especialmente elevadas de determinados aminoácidos nos quais a soja é relativamente pobre. Mas as pessoas não precisam tanto desses componentes. Na verdade, o padrão de aminoácidos contidos na soja é bastante adequado às necessidades fisiológicas dos seres humanos. Hoje, o antigo modelo de desenvolvimento dos roedores para avaliar as proteínas foi descartado. Com a adoção de técnicas mais modernas, os cientistas concluíram que a qualidade da proteína de soja equivale à da proteína de alimentos derivados de animais.

As pessoas que se preocupam com a saúde sabem há décadas que a soja representa um acréscimo prazeroso e saudável à rotina alimentar. Hoje o interesse por esse alimento se concentra em alguns atributos especiais que ultrapassam seu valor nutritivo. Os cientistas estudam o uso da soja na prevenção e/ou tratamento de várias doenças crônicas, inclusive câncer, doenças cardíacas, osteoporose e problemas renais, além de sua capacidade de aliviar os sintomas da menopausa.

Louise Hagler

Soja e câncer

Na última década, centenas de ensaios científicos descreveram alguns dos aspectos anticarcinogênicos da soja. Eles sugerem que o simples acréscimo à dieta diária de uma porção de alimentos que a contenham pode ajudar a reduzir o risco de câncer de mama, cólon, reto, pulmão, próstata e estômago, talvez até de leucemia. Embora isso ainda seja especulação (não podemos dizer com certeza que a soja reduz o risco de câncer), há informações suficientes para justificar seu acréscimo à dieta. Por outro lado, não surpreende que a soja possa ter esse efeito. A alimentação, certamente, tem influência no risco de câncer. O National Cancer Institute estima que um terço de todas as mortes por câncer se deve à má alimentação e alguns especialistas dizem que 50 por cento de todos os cânceres estão ligados à dieta. A rotina que evita o câncer é rica em frutas e vegetais com baixo teor de gordura e rica em fibras. Em resumo, é diferente da realidade da maioria dos ocidentais.

Soja: Uma fábrica de fitoquímicos

Há séculos os seres humanos sabem que as plantas têm grande capacidade de curar ou prevenir doenças. A medicina moderna continua a fazer bom uso desse conhecimento e a ampliá-lo com testes científicos. Hoje, 25 por cento das drogas usadas na terapêutica ocidental provêm das plantas.

Em 1990, cientistas de todo o mundo se reuniram em um workshop do National Cancer Institute para identificar as partes da soja que poderiam reduzir o risco de câncer. Eles conseguiram classificar cinco tipos de compostos que apresentam potencial de combater o câncer (e acreditam que provavelmente haja vários outros). Contudo, concentraram suas pesquisas em um grupo de substâncias químicas denominadas *isoflavonas*.

As isoflavonas integram um grupo maior de substâncias chamadas de *fitoquímicos*. Os fitoquímicos são substâncias que têm atividade biológica e, em muitos casos, causam efeitos na saúde, mas não são nutrientes como as vitaminas e os minerais. Não há doenças nutricionais específicas associadas à ausência desses elementos na dieta. Eles não sustentam necessariamente a vida. Contudo, podem ser importantes para promover uma ótima saúde.

O prefixo "fito" se refere às plantas. Portanto, os fitoquímicos são substâncias químicas vegetais que não podem ser encontradas em nenhum alimento de origem animal. Mas a maioria das plantas, inclusive as alimentícias, é rica em vários fitoquímicos. No entanto, as isoflavonas fazem parte de um grupo especial. Na prática, você precisa consumir soja para obtê-las. Nenhum outro alimento contém quantidades significativas dessa substância.

Duas isoflavonas na soja têm despertado mais interesse dos nutricionistas: a *genisteína* e a *daidzeína*. A primeira é a que demonstra maior potencial de prevenir o câncer. É fato que o interesse pela genisteína aumentou muito nos últimos anos. Em 1985, foi publicado um estudo científico sobre essa isoflavona. Em 1994, quase 300 artigos foram publicados em jornais científicos. Às vezes, as isoflavonas são chamadas de fitoestrógenos (estrógenos vegetais). Na verdade, sua composição química é bastante similar à do estrógeno humano, mas apresenta algumas diferenças importantes, como veremos.

Níveis elevados de estrógeno no sangue aumentam o risco de câncer de mama e outros relacionados com os hormônios, como o de ovário, o de endométrio e de útero. As células da mama têm receptores que "reconhecem" o estrógeno e lhe permitem se ligar a elas. Quando o hormônio entra na célula, acredita-se que seja envolvido em uma série de reações que aumentam a probabilidade de desenvolvimento de células cancerosas. Então, como os alimentos à base de soja (ricos em estrógenos vegetais) reduzem o risco de câncer? A resposta está no fato de que há diferenças sutis entre os estrógenos vegetais e o humano. Devido a algumas diferenças na estrutura química das isoflavonas, elas atuam apenas como estrógenos muito fracos. A genisteína só tem cerca de 0,01 por cento da força do estrógeno humano, apesar de sua semelhança com ele, o que a torna capaz de confundir o organismo, como qualquer estrógeno vegetal.

Os receptores de estrógeno na mama "reconhecem" a genisteína e lhe permitem se unir às células exatamente como ocorre com o estrógeno humano. Mas a atividade hormonal da genisteína é tão fraca que não tem qualquer efeito cancerígeno. Seu potencial anticarcinogênico se deve ao fato de que ela impede que o estrógeno humano, mais forte e cancerígeno, entre nas células da mama. Há muitos locais receptores de estrógeno no tecido mamário. Quanto mais espaço é ocupado pela genisteína, menos oportunidades o estrógeno humano tem de chegar às células. É como pôr a chave errada na fechadura. Parece a chave certa (estrógeno humano) e se encaixa na fechadura (receptores de estrógeno), mas não abre a porta (nesse caso, não se inicia o processo do câncer).

Por esse motivo, as isoflavonas são freqüentemente chamadas de "antiestrógenos". Embora ajam de maneira parecida à do hormônio, o fato de serem mais fracas e interferirem em sua principal atividade torna o efeito global exatamente o oposto.

Uma observação interessante sobre esse efeito antiestrógeno da genisteína é que parece similar ao do tamoxifeno, uma droga importante usada no tratamento do câncer de mama. Estuda-se também um eventual papel dessas substâncias na prevenção desse tipo de câncer.

Genisteína e cânceres não-relacionados com os hormônios

Embora os efeitos antiestrógenos da genisteína tenham recebido muita atenção, os alimentos à base de soja realmente influem em vários tipos de câncer. Por exemplo, centenas de estudos revelaram que, quando a genisteína é acrescentada às células cancerosas que crescem em tubos de ensaio, o crescimento destas é interrompido. Isso inclui as células que reagem e as que não reagem ao estrógeno. Portanto, parece que a substância age contra o câncer de diferentes formas, porque inibe a atividade das "enzimas cancerígenas".

Certas enzimas são muito mais ativas (até 20 vezes mais) nas células cancerosas do que nas saudáveis. Essas enzimas estão envolvidas na conversão de células saudáveis em cancerosas e são parte integrante do processo de câncer. Muitas drogas convencionais anticâncer agem interrompendo a atividade dessas enzimas. A genisteína faz o mesmo. Portanto, pode reduzir o risco de todos os tipos de câncer. A evidência de que a soja é capaz de reduzir o risco de cânceres não-dependentes de hormônios é pelo menos tão forte quanto a relacionada ao câncer de mama.

A soja e o tratamento do câncer

Embora as descobertas sobre os efeitos anticarcinogênicos da soja ainda sejam consideradas especulativas pelos cientistas, são suficientemente fortes e intrigantes para garantir o interesse no uso desse alimento para o tratamento do câncer.

O crescimento do tumor depende do surgimento de novos vasos sangüíneos que forneçam oxigênio e nutrientes para as células cancerosas. O próprio tumor estimula a proliferação desses vasos (um processo denominado de *angiogênese*). Uma das abordagens mais promissoras do tratamento do câncer é interromper a angiogênese com drogas. Estudos de laboratório comprovaram que a genisteína interrompe a evolução do tumor (embora para isso seja necessário grande quantidade dessa substância). Na verdade, as descobertas iniciais indicam que ela inibe o processo da doença nos seres humanos com uma condição não-cancerosa que envolve o crescimento excessivo dos vasos sangüíneos. Mas esses estudos não são conclusivos, pois esses efeitos foram observados em apenas alguns casos e ainda são considerados especulativos. A genisteína também pode atuar de outros modos para interromper o crescimento de tumores. As células cancerosas podem desenvolver a capacidade de rejeitar as drogas anticâncer, tornando-as ineficazes. Estudos mostram que a genisteína é eficaz até mesmo contra esse tipo de reação. E uma pesquisa demonstrou que ela aumenta a eficácia das drogas anticâncer em células leucêmicas.

Isoflavonas na dieta

O único modo de introduzir isoflavonas na dieta é consumir alimentos à base de soja. Nenhum outro tipo de nutriente contém quantidades significativas desse fitoquímico. Uma porção diária de produtos à base de soja (1 xícara de leite de soja ou ½ xícara de feijão-soja, tofu, tempeh ou proteína vegetal texturizada) pode ser suficiente para reduzir o risco de câncer. Embora a maioria dos preparados tradicionais à base de soja seja rica em isoflavonas, esses compostos podem ser perdidos no processamento do produto. Por exemplo, muitos hambúrgueres vegetarianos comerciais são feitos com concentrado de proteína de soja, que tende a ser pobre em isoflavonas. Alguns produtos, como queijo e sorvete de soja, são tão pobres em soja que quase não contêm isoflavonas. Os alimentos ricos em isoflavonas são soja integral, tofu, leite de soja, tempeh, farinha de soja e proteína vegetal texturizada.

SOJA E DOENÇAS CARDÍACAS

Os alimentos à base de soja representam um novo modo de reduzir o colesterol e, portanto, o risco de doenças cardíacas. O alto nível de colesterol no sangue (aliado ao fumo, à obesidade, à hipertensão e ao sedentarismo) é um dos maiores fatores de risco de ataque cardíaco. Uma dieta que reduza o colesterol pode ter um impacto significativo nesse risco. Os especialistas dizem que, para cada 1 por cento de redução nos níveis de colesterol, o risco de ataque cardíaco diminui 3 por cento.

A gordura saturada, encontrada principalmente na carne, nos laticínios, nos ovos e também em alguns produtos vegetais, eleva mais os níveis de colesterol sangüíneo do que qualquer outro componente de uma dieta. O colesterol presente em outros tipos de alimentos também contribui para aumentá-lo, embora em um grau muito menor. Alguns tipos de fibra causam redução moderada no colesterol, mas a soja e os alimentos dela derivados podem ser introduzidos em uma dieta saudável para o coração porque são livres de colesterol e pobres em gordura saturada, e em alguns casos são ricos no tipo de fibra que ajuda a reduzir o colesterol sangüíneo. Portanto, substituir os alimentos de origem animal por alternativas à base de soja é um bom modo de diminuir o risco de doenças cardíacas.

Desde 1967 (mais de 40 anos atrás), foram feitos quase 40 estudos sobre os efeitos da proteína de soja no sangue. Praticamente todos esses estudos demonstraram que a soja reduz os níveis de colesterol. Na verdade, nos últimos 20 anos, o National Health Service, na Itália, tem fornecido gratuitamente proteína de soja aos médicos que tratam pacientes com colesterol alto. Um resumo de seus efeitos foi recentemente publicado em um grande periódico médico. Os autores chegaram às seguintes conclusões:

- ❏ Dos 38 estudos sobre a proteína de soja e o colesterol, 34 revelaram que o nível de colesterol diminui quando a proteína de soja é acrescentada à dieta ou substitui a proteína animal.
- ❏ Incluir proteína de soja na dieta produz uma redução média de 13 por cento nos níveis de colesterol.
- ❏ A proteína de soja é mais eficaz nas pessoas com níveis de colesterol muito altos.
- ❏ A proteína de soja é eficaz mesmo nas pessoas que já seguem a dieta de 30 por cento de gordura da American Heart Association. Isto é, reduz ainda mais os níveis de colesterol depois que as pessoas já obtiveram resultados favoráveis com uma dieta de controle de ingestão de gordura.

❏ A proteína de soja reduz o colesterol LDL (o mau colesterol), mas não afeta o colesterol HDL (o bom colesterol).

A redução de 13 por cento no colesterol com a utilização da proteína de soja se traduz em uma redução de 50 por cento no risco de doenças cardíacas. Em algumas pessoas, particularmente naquelas com colesterol muito alto, os resultados são ainda mais impressionantes. E o fato de a soja só reduzir o colesterol LDL é uma vantagem considerável, porque muitos programas para baixar o colesterol também produzem uma redução no HDL (uma mudança que pode aumentar o risco de doenças cardíacas).

Essa abordagem, contudo, apresenta um problema: é necessário contar com uma boa quantidade de proteína de soja. A maioria das pessoas precisa de pelo menos 25 gramas de proteína de soja por dia, o que representa quase três porções de alimentos derivados desse vegetal. Algumas podem precisar de ainda mais. Para as que desejam experimentar essa orientação alimentar, uma alternativa é tomar bebidas com proteína de soja que possuam até 20 gramas de proteína por porção. E, é claro, a proteína de soja sempre deve ser aliada a uma dieta pobre em gordura e rica em fibras. Embora organizações como a American Heart Association recomendem que as dietas não contenham mais do que 30 por cento de gordura, reduções maiores na ingestão de gordura são muito mais eficazes.

Além do colesterol

Embora o colesterol alto seja um importante fator de risco, quase metade de todas as doenças cardíacas ocorre em pessoas com níveis de colesterol dentro da média. Obviamente, há vários fatores que podem aumentar esse risco. Um deles é a oxidação do colesterol.

Oxidação é a reação de certas moléculas do corpo ao oxigênio, e parece desempenhar um papel relevante em um grande número de problemas, além de ser parte do processo de envelhecimento. Somente quando oxidado, o colesterol pode prejudicar as paredes das artérias e iniciar a formação de placas que levam ao bloqueio arterial e às doenças cardíacas. Prevenir essa oxidação pode ser tão importante quanto reduzir os níveis do colesterol no sangue. Aparentemente, a soja pode gerar ambos os efeitos. Em um estudo recente, os pacientes de doenças cardíacas que consumiram soja diariamente por seis meses tiveram 50 por cento a menos de colesterol oxidado na corrente sangüínea do que os que não consumiram esse produto.

E, finalmente, a genisteína também pode provocar impacto em problemas cardíacos. Como a aspirina, parece que ela reduz os coágulos no sangue, um dos principais causadores de ataques cardíacos. A genisteína interfere na multiplicação das células que formam as placas arteriais. Embora seja preciso dispor de boa quantidade de soja para reduzir os níveis de colesterol, apenas uma porção por dia pode ser suficiente para combater outros fatores que podem prejudicar o coração.

SOJA E SAÚDE ÓSSEA

Os Estados Unidos têm um dos maiores índices de osteoporose do mundo. A osteoporose é uma doença em que os ossos se tornam finos, frágeis e quebradiços. Uma boa nutrição ajuda a mantê-los saudáveis. Por exemplo, tanto cálcio quanto vitamina D são cruciais para a saúde dos ossos, que também é afetada por uma grande variedade de fatores. Até mesmo quando a ingestão de cálcio é alta, a osteoporose ainda pode ocorrer. A atividade física é um dos maiores determinantes para a saúde óssea, e os exercícios com pesos mantêm os ossos fortes. Sódio e proteínas podem produzir um efeito negativo, porque aumentam a quantidade de cálcio perdida pelo corpo. A soja pode contribuir de três formas para o fortalecimento dos ossos.

Em primeiro lugar, substituir os alimentos de origem animal por outros, à base de soja, pode ajudar a conservar o cálcio do corpo. Alguns estudos demonstraram que as dietas ricas em proteína animal fazem com que mais cálcio seja eliminado dos ossos e excretado na urina ou nas fezes. Em geral, a proteína de sementes, como o feijão e a soja, não tem esse efeito. Na verdade, uma pesquisa descobriu que quase 50 por cento a mais de cálcio era excretado quando as pessoas consumiam proteína animal em comparação com a mesma quantidade de proteína de soja, mesmo quando ambas as dietas continham a mesma quantidade de cálcio. Como os ossos costumam ser muito dinâmicos (perdendo e recuperando cálcio constantemente), certa perda de cálcio no corpo é normal. Tudo que aumenta essa perda pode comprometer a saúde, porque é difícil consumir cálcio suficiente para repor o que é perdido. Não se sabe ao certo até que ponto a proteína afeta o organismo, mas é possível que essa seja uma das formas pela qual consumir produtos à base de soja ajude a manter os ossos fortes.

As isoflavonas da soja realmente podem evitar fraturas. Uma delas, a daidzeína, é muito parecida com a droga ipriflavona, usada em toda a Europa e na Ásia para tratar a osteoporose. Na verdade, a ipriflavona só se torna mais eficaz quando metabolizada, gerando a própria daidzeína entre outros compostos. E um estudo recente descobriu que a genisteína também atua no fortalecimento da ossatura.

Finalmente, muitos alimentos à base de soja são, por natureza, ricos em cálcio, e alguns são fortificados com ele. Com freqüência, o tofu é acrescido de um sal de cálcio (e, nesse caso, é chamado de tofu enriquecido com cálcio). A soja integral, a proteína vegetal texturizada, o tempeh e o leite de soja fortificado também são boas fontes de cálcio. Muitas pessoas acreditam que o cálcio dos alimentos de origem vegetal não é tão bem absorvido quanto o do leite. Na verdade, isso só acontece em alguns casos. Na maioria das vezes, a absorção do cálcio da soja pelo corpo é tão boa quanto a do leite.

Soja e doenças renais

Os rins são compostos por minifiltros que separam as substâncias químicas indesejadas do sangue e as secretam na urina. A alimentação pode impactar a atividade e a saúde desses órgãos. Por exemplo, nas pessoas saudáveis, uma dieta rica em proteína pode acelerar a filtragem renal, o que é sinal de que os rins estão fazendo esforço extra e que se está exigindo demais deles. Com o passar do tempo, isso pode causar dano àqueles suscetíveis a doenças renais.

Nas pessoas que já têm problemas nos rins, uma dieta rica em proteína pode ter um efeito oposto, mas, ainda assim, prejudicial: desacelerar a filtragem renal, um sinal de que os órgãos estão enfraquecendo. Por esse motivo, freqüentemente aconselha-se a opção por uma dieta pobre em proteína. Acredita-se que o tipo de proteína consumida é tão importante quanto sua quantidade. A proteína de soja não afeta os rins do mesmo modo que a animal. Quando os pacientes ingerem proteína de soja em vez de proteína animal (sem alterar a quantidade total de proteína consumida), sua função renal melhora. Por esse motivo, alguns pesquisadores sugeriram que se substituísse um pouco de proteína animal por proteína de soja na dieta. Essa é uma boa notícia para os pacientes, porque experimentar alimentos à base de soja pode ser muito mais fácil do que cortar drasticamente toda a ingestão de proteína.

Outra vantagem para os pacientes de doenças renais reside nos efeitos da soja sobre os níveis e a oxidação do colesterol. Freqüentemente, os pacientes de doença renal têm níveis elevados de colesterol sangüíneo e correm um risco maior de doenças cardíacas. Esse quadro também pode prejudicar ainda mais os rins. Ao auxiliar na redução e na prevenção da oxidação do colesterol, a soja ajuda a preservar a função renal e a diminuir o risco de doenças cardíacas.

Menopausa

Às vezes, na menopausa, ocorrem sintomas como suores noturnos e ondas de calor, que são causados por uma perda do controle da temperatura relacionada com a produção mais lenta de estrógeno. Uma terapia de reposição pode ser usada para controlar esses sintomas. Contudo, há certa preocupação com seu uso, porque está associado a um risco maior de câncer de mama. Devido a seus efeitos fracos, parecidos com os do estrógeno, as isoflavonas podem ser uma alternativa ao controle dos sintomas da menopausa.

No Japão, onde o consumo de soja é comum, apenas um terço das mulheres tende a se queixar de sintomas da menopausa, em comparação com as americanas e as canadenses. Na verdade, não existe uma palavra na língua japonesa para "ondas de calor". É possível que, embora com uma atividade estrogênica muito fraca, as isoflavonas sejam suficientemente potentes para reduzir os sintomas da menopausa. De fato, em um estudo em que as mulheres foram alimentadas com farinha de soja, elas experimentaram uma redução de cerca de 40 por cento nos sintomas da menopausa.

Como o estrógeno ajuda a prevenir osteoporose e doenças cardíacas, as mulheres correm mais risco de ter esses problemas na pós-menopausa. Já vimos que os alimentos à base de soja podem ser protetores em ambos os casos. Tomando isso como base, consumir uma porção diária desses produtos pode ser uma boa idéia, especialmente no caso das mulheres nessa fase da vida.

Perspectiva sobre a soja

A maioria desses possíveis benefícios da soja relacionados com doenças cardíacas, câncer, osteoporose, problemas renais e menopausa está sendo profundamente investigada por pesquisadores em todo o mundo. E, embora algumas das informações de que dispomos hoje sejam apenas especulativas, grande parte dos resultados de estudos aponta para relações muito sólidas com as doenças. Dentro de alguns anos, deveremos ter uma compreensão melhor dos benefícios da soja. Nesse ínterim, não há motivo algum para adiar o consumo de soja. Seu rico perfil nutricional a torna um ótimo acréscimo a qualquer dieta. E ela pode proteger você e sua família contra muitas doenças crônicas.

Mark Messina, Ph.D.
Virginia Messina, Mestre em Saúde Pública

Louise Hagler

Mark Messina, nutricionista, fez mestrado em Nutrição pela University of Michigan, em 1982, e obteve Ph.D. pela Michigan State University, em 1987. Sua tese de doutorado envolveu os efeitos dos vegetais crucíferos no câncer de cólon. De 1987 a 1992, o dr. Messina foi diretor de projeto do Diet and Cancer Branch, National Cancer Institute, National Institutes of Health. Sua principal responsabilidade era identificar necessidades de pesquisa na área de nutrição e prevenção do câncer e fazer recomendações para o financiamento governamental de projetos de pesquisa. Em 1990, ele organizou um workshop sobre o papel da soja na prevenção do câncer. Como resultado desse esforço, o National Cancer Institute destinou 3 milhões de dólares à pesquisa sobre soja. De 1991 a 1992, Mark Messina também foi diretor do Designer Foods Program do National Cancer Institute. Esse programa se concentrou no desenvolvimento de alimentos ricos em fitoquímicos anticarcinogênicos para uso em pesquisa. Desde que deixou o National Cancer Institute, o dr. Messina dedicou grande parte de seu tempo ao estudo dos benefícios da soja para a saúde. Ele produziu muitos textos sobre esse tema e fez mais de cem apresentações para consumidores e grupos profissionais. Co-edita e escreve uma coluna regular para o *Soy Connection*, um boletim informativo trimestral enviado para os 70 mil membros da American Dietetic Association. Em fevereiro de 1994, o dr. Messina organizou e presidiu o Primeiro Simpósio Internacional sobre o Papel da Soja na Prevenção e no Tratamento da Doença Crônica. Organizou também a segunda edição do encontro, em setembro de 1996, em Bruxelas. É co-autor, junto com sua mulher, Virginia Messina, e Kenneth Setchell, Ph.D., de *The Simple Soybean and Your Health*. Eles trabalharam juntos em mais dois livros sobre dietas baseadas em plantas: *The Vegetarian Way* e *The Dieticians Guide to Vegetarian Diets: Issues and Applications*.

Virginia Messina, mestre em Saúde Pública, é nutricionista registrada com mestrado pela University of Michigan. Foi professora de Nutrição em curso de graduação, trabalhou como especialista em alimentos e nutrição para o Michigan Cooperative Extension Service e foi diretora do departamento de nutrição do George Washington University Ambulatory Medical Center. Foi editora da revista *Guide to Healthy Eating* e do boletim informativo para profissionais de nutrição *Issues in Vegetarian Dietetics*. Virginia escreve para várias revistas, inclusive uma coluna regular para adolescentes vegetarianos em *How On Earth*, e atua no conselho consultivo da revista *Veggie Life*. Escreve também regularmente sobre alimentos de origem vegetal para a *Encyclopedia Brittanica*. Ela é co-autora de *The Vegetarian No-Cholesterol Barbecue Book*, *The Vegetarian No-Cholesterol Family Style Cookbook*, *The Simple Soybean and Your Health*, *The Vegetarian Way* e *The Dietitians Guide to Vegetarian Diets: Issues and Applications*.

Alimentos essenciais à base de soja

A soja foi cultivada e consumida pela primeira vez na China, milhares de anos atrás. Seu uso se estendeu a toda a Ásia e ela se tornou um elemento central na maioria dos hábitos alimentares desse continente. Historicamente, no Oriente é considerada um alimento medicinal que ajuda a tratar problemas renais, beribéri, retenção de líquido, anemia, doenças de pele e outros males. Os monges budistas vegetarianos ajudaram a promover e difundir esse alimento. A soja chegou ao Ocidente com os imigrantes asiáticos, mas seu uso era restrito às suas comunidades até meados do século XX. Na América do Norte, é usada principalmente na alimentação animal e na fabricação de produtos como plásticos, tintas, sabão e óleos. O interesse pela soja como alimento para seres humanos começou no final da década de 1960 e cresceu rapidamente na década de 1990.

Os alimentos essenciais à base de soja mais fáceis de serem obtidos estão descritos a seguir. Estão sempre surgindo novos produtos no mercado, convenientes e práticos. Verifique os rótulos nas embalagens para saber exatamente o que está levando.

SOJA INTEGRAL geralmente é encontrada seca. Há muitas variedades, inclusive a preta. Guarde-a em recipientes secos e bem vedados. Uma xícara de soja seca produz 2 ½ a 3 xícaras de grãos cozidos, que devem estar bem macios para que sejam de fácil digestão. Deve ser possível esmagá-la com a língua contra o céu da boca. O modo mais eficiente de cozinhar a soja integral é em uma panela de pressão (p. 73). Cozinhá-la em panela comum, mesmo que por nove a dez horas, não a torna realmente macia. Pode ser consumida em forma de broto, assada para substituir o café (p. 83) ou como noz (p. 86). Experimente os Burritos de Soja (p. 75).

A soja contém alguns açúcares de difícil digestão que podem causar flatulência em algumas pessoas. Pôr de molho e escaldar os grãos antes do cozimento pode resolver o problema. Acrescentar um pouco de alga kombu à água do cozimento também ajuda (p. 74). Esses açúcares são removidos no processo de fabricação do tofu, tornando-o muito mais fácil de digerir. O processo de fermentação usado na produção do tempeh também ajuda a quebrar esses compostos.

Soja verde fresca é um prazer que não deve ser desperdiçado. Ainda macia em sua vagem felpuda, é encontrada fresca ou congelada em lojas de produtos naturais ou asiáticos. Pode-se conservá-la congelada por vários meses. Talvez seja necessário cultivá-la pessoalmente ou encontrar alguém que o faça por você (p. 78).

Leite de soja pode substituir o leite comum de quase todas as maneiras, mas tem o benefício de estar isento de lactose. Despeje-o quente ou frio em seu cereal, ou use-o para fazer assados, iogurtes, molhos, sorvetes ou pudins. Prepare uma Vitamina de Soja com Frutas Silvestres (p. 207) ou um Shake de Soja com Banana e Cacau ou Alfarroba (p. 205). O leite de soja tende a coalhar no café, embora exista um tipo especial de soja líquida própria para esse uso (p. 37). Para preparar o leite de soja fresco deve-se moer os grãos até se transformarem em uma massa que precisa ser posta em água fervente, cozida por cerca de 20 minutos e, então, filtrada. O leite de soja pode ser integral, com baixo teor de gordura, light, com sabores e fortificado com cálcio, betacaroteno e vitaminas D, E e do complexo B. (Procure marcas fortificadas com B_{12}, essencial para os vegetarianos.) O de sabor natural é melhor para cozinhar. Na maioria das vezes, o leite de soja é vendido em embalagens assépticas, que só precisam ser levadas à geladeira depois de abertas, quando, então, duram de cinco a sete dias. Procure-o em supermercados e lojas de produtos naturais. O leite de soja fresco é encontrado em alguns estabelecimentos, e é importante que se verifique a data de validade na embalagem. Instruções completas para preparar leite de soja em casa podem ser encontradas no livro *Tofu Cookery*.

Culinária da soja

OKARA (POLPA DE SOJA) é o resíduo da filtragem do leite de soja. Possui teor nutricional significativo, inclusive a fibra dos grãos, e pode ser usado para preparar muitos pratos saborosos. Experimente os Croquetes de Okara (p. 66) ou o Macarrão de Okara (p. 136).

LEITE DE SOJA EM PÓ pode ser reidratado e usado como o leite fresco. É encontrado nas versões integral e light. Guarde-o em um recipiente seco e vedado na geladeira ou no congelador. É vendido em lojas de produtos naturais ou encomendado por catálogo.

CONCENTRADOS DE PROTEÍNA DE SOJA são altamente refinados e contêm cerca de 70 por cento de proteína de soja. Foram desenvolvidos como uma alternativa mais barata aos isolados de proteína de soja usados em alimentos manufaturados como assados, comida para bebês e processamento de carne. O processamento resulta em um sabor suave e um teor mais baixo de isoflavonas (p. 16).

ISOLADOS DE PROTEÍNA DE SOJA são altamente refinados e contêm cerca de 90 por cento de proteína de soja. Fonte de aminoácidos muito fácil de digerir, são adicionados em pequenas quantidades a vários alimentos manufaturados para incrementar a textura, o sabor e o teor de proteína. Podem ser encontrados em alguns pães, alimentos assados, cereais usados no café-da-manhã, massas, fórmulas infantis e geriátricas, substitutos da carne, sobremesas, sopas, molhos e salgadinhos. São vendidos em lojas de produtos naturais como suplemento alimentar.

TOFU é provavelmente o alimento à base de soja mais amplamente vendido e versátil. Também conhecido como coalhada de soja, é branco, delicioso e parecido com o queijo. É feito coalhando-se o leite de soja quente com um coagulante e depois prensando-o em um bloco. De gosto suave, adquire qualquer sabor que lhe seja acrescentado. É produzido nas texturas suave, macia, média e firme, e nas variedades comum, de baixa gordura ou light. O tofu com baixo teor de gordura e o light podem ser usados para substituir o comum nas receitas, produzindo um prato com menos gordura. Embora cerca de metade das calorias do tofu comum provenha da gordura, seu teor calórico é muito baixo. Você teria de comer muito para obter uma quantidade preocupante de gordura (226,79 gramas de tofu contêm 10 gramas de gordura), sabendo-se, ainda, que ele possui um teor muito baixo de gordura saturada. Na verdade, a maior parte da gordura que contém é importante para ajudar a reduzir o risco de doenças cardíacas e câncer (p. 10).

O tofu é comercializado fresco, congelado, a granel, em bandejas com água, embalado a vácuo e em pacotes assépticos que não precisam ser postos na geladeira antes de abertos. Procure-o em supermercados, lojas de produtos naturais e orientais. Nos supermercados geralmente é encontrado na seção de verduras, embora em alguns casos estejam localizados em seções especiais de laticínios ou delicatéssen.

O tofu fresco deve ser guardado na geladeira mergulhado em água fria. Troque a água todos os dias. Assim, durará cerca de uma semana na geladeira. Se ficar rosado ou com cheiro azedo, jogue-o fora. Sempre que comprar tofu, verifique a data de validade.

O tofu prensado suave ou macio, mais delicado do que o comum, é o mais indicado para se usar em receitas que exigem misturas. O de textura média é melhor para amassar, esmigalhar ou fatiar cuidadosamente. O firme é ideal para fatiar, cortar em cubos ou quando se deseja que o tofu mantenha sua forma.

Sirva-o em qualquer refeição: no café-da-manhã, com ovos no Tofu Mexido (p. 43) ou como Rabanada sem Ovo (p. 55); no lanche ou no almoço, como Migas de Tofu (p. 45) ou Salada de Tofu Sem Ovo (p. 121); como um apetitoso Dip Cremoso de Tofu e Coentro (p. 96); no jantar, como Tofu Grelhado com Amêndoa (p. 149); ou na sobremesa, como Tiramisu de Tofu (p. 169) ou Parfait Crème de Tofu (p. 192).

O tofu é fácil de mastigar e de digerir, o que o torna uma boa fonte de proteína para idosos e crianças pequenas. Tente misturá-lo com frutas ou hortaliças. Tofu bem fresco em fatias ou cubos com apenas um pouquinho de sal ou molho de soja e fermento nutricional é um dos alimentos favoritos das crianças (p. 39).

Se você não for usar o tofu fresco antes do vencimento do prazo de validade, embrulhe-o em plástico ou papel-alumínio e congele-o. Ficará com um tom marrom-claro e uma textura mastigável. Pode ser conservado no congelador por vários meses. Para usá-lo, descongele-o e esprema-o cuidadosamente para retirar toda a água. Em seguida, rasgue-o ou corte-o na forma desejada. O tofu adquire qualquer sabor que lhe for acrescentado. Experimente o Tofu à Moda Tailandesa com Molho de Amendoim (p. 160) ou os Nuggets com Mostarda e Mel (p. 154).

O tofu também é vendido grelhado, frito, marinado, assado ou pronto para fazer churrasco. Se você quiser tentar prepará-lo de uma dessas maneiras, veja o Tofu ao Forno (p. 150) ou o Churrasco de Tofu (p. 125). Instruções completas para preparar tofu em casa podem ser encontradas em *Tofu Cookery*.

TOFU SECO CONGELADO foi especialmente criado como uma forma de conservar o tofu. Hoje, é popular entre os excursionistas vegetarianos como um alimento leve e de alta proteína para levar na mochila. Para reconstituí-lo, mergulhe-o em água fria até inchar, esprema-o cuidadosamente para retirar a água e acrescente-o a sopas ou ensopados. Procure o tofu seco congelado que tenha uma cor clara e uniforme. Com o passar do tempo, sua cor escurece.

TEMPEH é um alimento fermentado geralmente feito de soja ou de uma mistura de soja com outros grãos. Originário da Indonésia, tem o sabor suave que lembra o de nozes com cogumelos, e textura característica. Contém o grão inteiro, por isso possui teor mais alto de fibras e mais baixo de gordura do que o leite de soja ou o tofu. Também contém quantidades significativas de cálcio, vitaminas do complexo B e ferro. Geralmente é encontrado na seção de congelados das lojas de produtos naturais e orientais. Deve-se mantê-lo congelado até seu uso, podendo durar vários meses nesse estado. Embora o processo de fermentação aju-

de a tornar a soja digerível, o tempeh deve ser cozido no vapor por cerca de 20 minutos antes de ser consumido. Experimente os Kebabs de Tempeh Agridoces (p. 129) e a Pasta Picante de Tempeh (p. 97).
Na Indonésia, esse alimento tradicional é preparado em casa.

PROTEÍNA VEGETAL TEXTURIZADA é um substituto da carne, de cozimento rápido, com pouca gordura e calorias e alto teor de fibras, cálcio e potássio. É feita de farinha de soja com baixo teor de gordura que foi cozida sob pressão e comprimida até a estrutura das fibras mudar, moldada em seguida com pedaços de tamanhos diferentes e seca. É produzida na forma granulada, que lembra a carne moída, e em pedaços grandes e pequenos. Pode ser encontrada do tipo natural ou com sabores em lojas de produtos naturais ou por meio de encomenda. Conserva-se por vários meses em um recipiente seco hermeticamente fechado.

É reidratada acrescentando-se ⅞ de xícara de água fervente a 1 xícara do produto seco. Em seguida, deve ser levada à geladeira e usada dentro de alguns dias. Pode substituir total ou parcialmente a carne moída ou pedaços de carne em receitas comuns, quando se deseja diminuir a gordura, aumentar as fibras e introduzir os benefícios da soja na alimentação tradicional. Experimente o Recheio de Taco ou Burrito (p. 139), o Chili Rápido com proteína vegetal texturizada (p. 138) ou os Hambúrgueres de Proteína de Soja e Tofu (p. 146).

MISSÔ é uma pasta fermentada espessa, salgada e saborosa usada como condimento. Como é muito concentrada, deve ser usada em pequena quantidade. Há muitas variedades disponíveis que diferem na cor, na textura, no sabor e no aroma, assim como vinhos finos que provêm de regiões diferentes. Pobre em gordura e calorias, tem aminoácidos essenciais, um pouco de vitamina B_{12} e minerais e alto teor de sódio. Na cozinha tradicional japonesa, começa-se o dia com uma tigela fumegante (sopa) de missô. Experimente dissolver uma colher (sopa) de missô em uma xícara de água quente para obter uma bebida ou base (sopa) de baixa caloria. Não deixe a mistura ferver.

No Japão, o missô é considerado um alimento medicinal. Descobriu-se que ajuda a prevenir o mal-estar gerado por radiação e neutralizar os efeitos da poluição ambiental no corpo. O missô não-pasteurizado contém enzimas e bactérias que auxiliam na digestão. Procure o missô em lojas de produtos naturais e orientais. Pode ser conservado na geladeira por vários meses. Experimente a Sopa de Tofu e Missô (p. 106) ou o Molho de Missô para Salada (p. 93).

Farinha — ou farelo — de soja é feita moendo-se grãos de soja que foram torrados ou receberam tratamento térmico. É vendida na modalidade integral, com todos os seus óleos naturais, ou sem gordura, com os óleos removidos. Deve ser levada à geladeira ou ao congelador para não azedar. É uma farinha forte que pode ser acrescentada em pequenas quantidades a outras farinhas no preparo de assados para lhes dar umidade e textura. Experimente substituir um pouco de farinha de trigo em uma receita por 1 a 4 colheres (sopa) de farinha de soja por xícara. Os alimentos assados aos quais foi acrescentada farinha de soja tendem a dourar mais rapidamente no forno. Ela pode ser encontrada em lojas de produtos naturais. Experimente Waffles ou Panquecas de Soja (p. 56) ou Pão Multigrãos com Batata e Soja (p. 62).

Yuba, folha ou bastão de tofu é a nata que se forma no leite de soja quente. A nata fresca é considerada uma iguaria na Ásia e freqüentemente é usada no preparo de "carnes" vegetais da cozinha vegetariana budista. No Ocidente, é vendida principalmente congelada ou seca. Procure-a em lojas de produtos orientais ou prepare sua própria yuba erguendo cuidadosamente a nata do leite de soja fervente. Reconstitua a variedade desidratada mergulhando-a em água fria até ficar flexível, ou fervente, por cerca de 20 minutos. Experimente Yuba Mexida (p. 46) ou Pastrami de Yuba (p. 133).

Natto é um alimento picante feito de grãos de soja fermentados e tradicionalmente servido com mostarda e molho de soja. Originalmente, os grãos de soja eram inoculados e fermentados em palha, mas hoje o processo é realizado sob condições controladas. Você provavelmente terá de ir a um mercado de produtos orientais para encontrar o natto. Seu sabor e aroma fortes desagradam a muitos, mas, se tiver coragem, experimente-o. Procure o natto fresco ou congelado. Observe se há fios longos e escorregadios entre os grãos, o que é recomendável. O fresco deve ser levado à geladeira e dura cerca de uma semana.

MOLHO DE SOJA é usado para condimentar. Tem alta concentração de sódio e valor nutricional limitado. *Shoyu* e *tamari* são molhos de soja naturais e tradicionais produzidos por meio de fermentação. Esse processo pode durar até dois anos. A maioria dos molhos de soja comerciais é fermentada por três a seis meses sob condições controladas. O shoyu é feito de trigo, grãos de soja, água, esporos do mofo *aspergillus* e sal. O tamari é feito de grãos de soja, água, esporos do mofo *aspergillus* e sal, e tem um teor mais elevado de aminoácidos do que o shoyu. Originalmente, era um subproduto da produção do missô e usava-se em temperos e conservas. Os "molhos de soja sintéticos" geralmente são preparados com proteína vegetal hidrolisada, ácido clorídrico, xarope de milho, corante caramelo, sal e água. Leia o rótulo para se certificar dos ingredientes que os compõem.

ÓLEO DE SOJA é um óleo vegetal de cozinha extraído dos grãos de soja. Tem sabor e odor suaves e um ponto de fumaça alto quando usado para fritar. Nos Estados Unidos, a maioria dos óleos classificados como "vegetais" é de soja. É 100 por cento gordura, rico em gordura poliinsaturada e muito pobre em gordura saturada. Contém ácido linolênico (um ácido graxo ômega-3) e ácido alfa-linolênico (um ácido graxo ômega-6), encontrados principalmente nos óleos de peixe. O óleo de soja é uma das poucas fontes vegetais conhecidas de ácido linolênico e alfa-linolênico. Acredita-se que os ácidos graxos ômega-3 ajudem a reduzir o risco de doenças cardíacas e câncer (p. 11), e os ácidos graxos ômega-6, a diminuir o colesterol. O calor e a hidrogenação reduzem o nível de ácidos graxos ômega-3 e ômega-6 no óleo de soja.

Lecitina de soja é um subproduto do óleo de soja apresentado nas formas líquida e granulada. Pode reduzir o colesterol, mas apenas em grandes quantidades, geralmente maiores do que a capacidade de ingestão diária de uma pessoa. É usada como emulsificador em alimentos como sorvete, chocolate e algumas manteigas de amendoim em que a água e o óleo são misturados. Experimente o Sorvete de Iogurte de Soja com Manga (p. 197) ou o Sorvete de Soja com Baunilha (p. 198). Procure a lecitina de soja em lojas de produtos naturais ou alimentos saudáveis.

Alimentos prontos à base de soja

Nos momentos em que você está sem tempo para cozinhar, tire vantagem do número crescente de alimentos prontos à base de soja. Com pratos novos e saborosos surgindo todos os dias, há uma grande variedade a escolher tanto em supermercados quanto em lojas de produtos naturais. Quando possível, peça para provar o alimento para ver se agrada ao seu paladar. Verifique sempre os ingredientes e as informações nutricionais na embalagem antes de adquiri-los.

Quando quiser alimentos frescos e prontos para o consumo, procure nas lojas de produtos naturais e saudáveis por salada de tofu fresco, dips e pastas de tofu, tofu assado, lasanha de tofu ou outras massas, cheesecakes de tofu e outras especialidades próprias de sua região.

Hambúrgueres de soja congelados, bem populares, são rápidos de preparar. Há muitas marcas à venda.

Tamales e burritos congelados só precisam ser aquecidos para se tornar um prato delicioso.

Salsichas de soja congeladas são comercializadas em uma grande variedade de sabores e texturas.

Substituto da carne moída feito com soja, livre de gordura e congelado, é apresentado em um tubo como a salsicha congelada e pode ser usado para fazer almôndegas, bolos, pastel de carne e batatas, cobertura de pizza ou como salsicha.

Pizza de soja congelada vem pronta para assar no forno.

Hambúrgueres de tempeh estão à venda em vários sabores.

Lasanha de tofu congelada, conchas recheadas, manicotti, tortellini ou ravioli só precisam ser assados ou cozidos.

Lingüiças ou salsichas de soja congeladas, ou "bacon" de tempeh são um bom acompanhamento para panquecas ou waffles.

Tofu moído é um produto temperado usado para substituir a carne moída nas receitas. É encontrado à venda sob refrigeração, assim como o tofu.

Misturas de chili sem carne são aquecidas com feijões, tomates e cebolas.

Misturas de hambúrguer sem carne precisam apenas de água ou molho de tomate para serem assadas, grelhadas ou fritas.

"Queijos" de soja podem substituir os de leite. Fatiados, ralados e cremosos, com ou sem caseína, são encontrados na seção de laticínios. Há muitas marcas com texturas e sabores diferentes.

A **maionese sem ovo** feita de tofu é deliciosa e isenta de colesterol.

Os **molhos de tofu** para salada são isentos de colesterol e prontos para usar.

Os **sorvetes de soja** são vendidos em diferentes sabores e texturas.

Culinária da soja

As TORTAS CONGELADAS podem ser compradas inteiras ou em porções individuais.

Os PÃES ÁRABES CONGELADOS são recheados com várias hortaliças misturadas com tofu ou proteína vegetal texturizada.

A SOPA DE MISSÔ INSTANTÂNEA é vendida em pó e embalada em porções individuais. Adicione água quente para preparar uma sopa ou bebida rápida.

MISTURAS DE SOJA SEM OVO PARA BOLO, PÃO RÁPIDO, PANQUECA E WAFFLE só precisam do acréscimo de líquido para ficarem prontas para assar.

A SOJA LÍQUIDA é vendida pronta para ser adicionada a café ou creme.

TOFU DEFUMADO OU ASSADO embalado a vácuo pode ser encontrado na seção de laticínios de lojas de produtos naturais ou supermercados.

Alimentos à base de soja para bebês e crianças

Já vimos como nossos filhos podem nascer e crescer sadios com uma dieta à base de soja. Vimos também bebês e crianças pequenas subnutridas na Guatemala recuperar a saúde e se desenvolver com essa dieta. Nossos filhos adoram alimentos à base de soja.

Se a mulher é sadia e bem nutrida, o leite materno é o melhor alimento para seu bebê nos primeiros 6 a 8 meses de vida. Pode-se introduzir na dieta do neném leite de soja, tofu ou iogurte de soja aos 7 ou 8 meses de vida, aos poucos, observando como o bebê os tolera, exatamente como deve ser feito com qualquer alimento novo. É importante dar-lhe bastante água junto com esses alimentos, porque são concentrados. Se o bebê não tiver idade suficiente para mastigar, bata o tofu no liquidificador até ficar mole e cremoso. Você pode tentar acrescentar hortaliças ou frutas diferentes à mistura, conforme forem sendo toleradas. Pode-se oferecer *sem casca* amassada ou batida, no liquidificador, à maioria dos bebês de 8 a 10 meses.

Algumas crianças aceitam bem leite de soja, iogurte de soja e tofu, enquanto outras não toleram os grãos de soja cozidos inteiros. Mas, geralmente, por volta dos dois anos e meio, elas superam qualquer intolerância.

Quando tiverem 1 ano e mastigarem bem, experimente servir-lhes soja amassada em uma tortilla macia ou hambúrguer de soja em pão redondo. As crianças pequenas adoram fatias ou palitos de tofu natural bem fresco com um pouco de sal ou molho de soja e uma pitada de fermento nutricional. Também adoram fatias de tofu ligeiramente fritas com um pouco de molho de soja e fermento nutricional. O Tofu ao Forno (p. 150) é um alimento para ser consumido com as mãos, bastante popular entre crianças de várias idades. Experimente misturar tofu, manteiga de amendoim e mel para obter uma pasta cremosa para sanduíches.

    Sirva fatias de Pão de Soja e Trigo Light com Alto Teor de Proteína (p. 60) ou Pão Multigrãos com Batata e Soja (p. 62) em sanduíches ou como torradas. Biscoitos Rápidos de Soja (p. 52) com Molho Country Cremoso (p. 50) são um dos alimentos favoritos de nossos filhos no café-da-manhã. É claro que pudins, sorvetes e bolos de soja costumam ser bem-vindos.

    Geralmente, os jovens não se impressionam com o fato de um alimento ser bom para a saúde; eles preferem aqueles com sabor e textura mais agradáveis. Se você tem filhos mais velhos com "fobia de tofu", tente servir-lhes Churrasco de Tofu (p. 125), Chili Rápido com proteína vegetal texturizada (p. 138), Sloppy Joe (p. 156), Crepes de Soja (p. 53), Waffles ou Panquecas de Soja (p. 56) ou Tiramisu de Tofu (p. 169). Não desista. Com tantas opções, deve haver algo de que gostem.

Café-da-manhã, lanche e pães

Tofu Mexido

RENDIMENTO: 2 PORÇÕES

Experimente substituir ovos mexidos por Tofu Mexido *no café-da-manhã. Sirva com torrada ou tortillas quentes.*

½ xícara de cebola picada
½ xícara de pimentão vermelho picado
1 dente de alho bem picado
½ colher (sopa) de óleo de soja ou azeite de oliva
250g de tofu esmigalhado
2 colheres (sopa) de fermento nutricional (opcional)
1 colher (sopa) de molho de soja

1. Refogue a cebola, o pimentão e o alho no óleo até ficarem macios. Acrescente o tofu, o fermento nutricional e o molho de soja. Mantenha em fogo brando até aquecerem e sirva.

calorias, 143; proteína total, 9g; proteína de soja, 9g; gordura, 8g; carboidratos, 7g; cálcio, 135mg; fibras, 1g; sódio, 513mg.

2. Tofu Mexido com Cogumelos: Acrescente 170g dos cogumelos fatiados de sua escolha e ½ colher (chá) de segurelha (opcional) à mistura de cebola, pimentão e alho.

calorias, 165; proteína total, 10g; proteína de soja, 9g; gordura, 8g; carboidratos, 11g; cálcio, 140mg; fibras, 3g; sódio, 516mg.

Preparo

3. Tofu Mexido Tex-Mex: Acrescente 1 colher (chá) de pimenta-malagueta picada à mistura de cebola, pimentão e alho. Misture 1 xícara de tomates picados e ½ xícara de coentro picado com o tofu, o fermento e o molho de soja.

Porção

calorias, 162; proteína total, 10g; proteína de soja, 9g; gordura, 8g; carboidratos, 11g; cálcio, 145mg; fibras, 3g; sódio, 522mg.

Migas de Tofu

RENDIMENTO: 2 PORÇÕES

Este prato levará você e seus convidados diretamente ao México.

Ingredientes

- ¼ de xícara de cebola picada
- 1 dente de alho pequeno esmagado
- 1 pimenta chili verde ou poblano picado
- 1 colher (chá) de óleo
- ¼ de xícara de coentro fresco picado
- 1 tomate pequeno picado
- 4 tortillas de milho cortadas em seis partes
- 250g de tofu firme esmigalhado
- ½ colher (chá) de sal

Preparo

1. Refogue a cebola, o alho e o chili até ficarem quase macios.
2. Acrescente o resto dos ingredientes e deixe esquentar bem. Guarneça com coentro fresco e salsa.

Porção

calorias, 267; proteína total, 13g; proteína de soja, 8g; gordura, 9g; carboidratos, 33g; cálcio, 224mg; fibras, 3g; sódio, 551mg.

Louise Hagler

Yuba Mexida

Rendimento: 3 xícaras (4 porções)

Eis outra alternativa para os ovos no café-da-manhã. A yuba fresca ou congelada tem melhor sabor (p. 33).

Ingredientes

170g de bastões de tofu secos ou 680g de nata de soja folhada
½ xícara de cebola picada ou 1 colher (sopa) de cebola em pó
2 dentes de alho ou ½ colher (chá) de alho em pó
½ colher (sopa) de óleo de soja ou azeite de oliva
2 colheres (sopa) de fermento nutricional
1 colher (sopa) de molho de soja
½ colher (chá) de orégano
⅛ de colher (chá) de pimenta-do-reino recém-moída

Preparo

1. Coloque os bastões de tofu em água fervente, durante 20 minutos, até amaciarem, ou descongele as natas de soja folhada.
2. Refogue as cebolas e o alho no óleo até ficarem transparentes. Acrescente o resto dos ingredientes e deixe esquentar. Sirva da mesma forma que ovos mexidos, com torradas ou tortillas quentes.

Porção

calorias, 232; proteína total, 21g; proteína de soja, 19g; gordura, 11g; carboidratos, 11g; cálcio, 98mg; fibras, 0g; sódio, 280mg.

Picadinho de Batata com Proteína de Soja

Rendimento: 3 xícaras (3 a 4 porções)

Este é um prato saudável e nutritivo para o café-da-manhã, lanche, almoço ou jantar.

Ingredientes

6 colheres (sopa) de água fervente
1 colher (sopa) de molho de soja
½ xícara de proteína vegetal texturizada granulada
¼ de xícara de cebola picada
¼ de xícara de pimentão verde picado
1 dente de alho bem picado
2 colheres (sopa) de salsa ou cebolinha francesa bem picada
4 xícaras (500g) de batatas raladas
¼ de colher (chá) de pimenta-do-reino recém-moída
1 colher (sopa) de azeite de oliva

Preparo

1. Misture a água fervente e o molho de soja, despeje sobre a proteína vegetal texturizada e deixe descansar por 10 minutos.
2. Junte todos os ingredientes, exceto o azeite de oliva.
3. Frite o picadinho no azeite de oliva em uma frigideira antiaderente até as batatas ficarem macias e douradas, virando quando necessário. Sirva quente com ketchup.

Porção

calorias, 194; proteína total, 8g; proteína de soja, 6g; gordura, 4g; carboidratos, 31g; cálcio, 47mg; fibras, 4g; sódio, 298mg.

Palitos de Tempeh

RENDIMENTO: 12 A 16 PORÇÕES

Podem ser uma alternativa ao bacon, com panquecas, waffles ou rabanada, ou experimente-os em sanduíches ou como um alimento para comer com as mãos.

Ingredientes

230 gramas de tempeh
3 colheres (sopa) de água
1 ½ colher (sopa) de molho de soja
1 dente de alho esmagado
⅛ de colher (chá) de chili chipotle em pó
1 ½ colher (sopa) de azeite de oliva

Preparo

1. Cozinhe o tempeh no vapor por 20 minutos e corte-o em palitos de 7 a 13mm.
2. Misture a água, o molho de soja, o alho e o chipotle. Frite os palitos de tempeh em 1 colher (sopa) de azeite de oliva, em fogo médio, até dourarem. Acrescente ½ colher (sopa) de azeite de oliva e doure o outro lado. Despeje o líquido uniformemente sobre os palitos e cozinhe em fogo brando até evaporar. Sirva quente ou frio.

Porção

Por 2 palitos: calorias, 93; proteína total, 7g; proteína de soja, 7g; gordura, 5g; carboidratos, 6g; cálcio, 32mg; fibras, 2g; sódio, 217mg.

Proteína de Soja com Sabor de Salsicha

RENDIMENTO: 1 ½ XÍCARA

Acrescente esta saborosa mistura ao Molho Country Cremoso (p. 50) ou use-a como cobertura de pizza ou recheio.

Ingredientes

⅞ de xícara de água fervente
1 colher (sopa) de molho de soja
1 xícara de proteína vegetal texturizada granulada
1 colher (chá) de cebola em pó
1 colher (chá) de sálvia
½ colher (chá) de tomilho
¼ de colher (chá) de alho em pó
⅛ de colher (chá) de pimenta-do-reino recém-moída
⅛ de colher (chá) de pimentão vermelho esmagado
1 colher (sopa) de azeite de oliva

Preparo

1. Misture a água fervente e o molho de soja. Acrescente a proteína de soja, cubra e deixe descansar por cerca de 10 minutos.
2. Em uma tigela, misture a proteína vegetal texturizada hidratada com todos os condimentos. Cozinhe no azeite de oliva em fogo médio até dourar.

Porção

Por ¼ de xícara: calorias, 65; proteína total, 7g; proteína de soja, 7g; gordura, 2g; carboidratos, 4g; cálcio, 34mg; fibras, 1g; sódio, 171mg.

Molho Country Cremoso

RENDIMENTO: CERCA DE 4 ½ XÍCARAS

Este é um molho espesso, saboroso e cremoso para biscoitos, batatas ou o que mais você quiser servir. Pode afiná-lo pondo um pouco mais de água. Use apenas leite de soja natural. O método do microondas elimina a necessidade de óleo no molho.

Ingredientes

½ xícara de farinha de trigo refinada sem branqueamento químico ou farinha integral fina
2-4 colheres (sopa) de fermento nutricional
2 colheres (sopa) de óleo de canola ou soja
4 xícaras de leite de soja ou 2 xícaras de leite de soja e 2 xícaras de água ou caldo
1 colher (sopa) de molho de soja
3 colheres (chá) de tempero para aves
2 colheres (chá) de cebola em pó
½ colher (chá) de alho em pó
¼ de colher (chá) de pimenta-do-reino recém-moída

Preparo

1. *Método do fogão*: Toste a farinha e o fermento nutricional no óleo até começarem a dourar. Acrescente o leite de soja, mexendo para não encaroçar. Adicione o molho de soja, o tempero para aves, a cebola em pó, o alho em pó e a pimenta-do-reino. Esquente até engrossar e apenas começar a levantar fervura.

Preparo

2. *Método do microondas*: Em um copo graduado de 2L, misture todos os ingredientes (deixando o óleo de fora, se quiser). Ponha no microondas em temperatura alta por 4 minutos. Bata até ficar macio e leve ao microondas em temperatura alta por mais 4 minutos. Bata e sirva.

Porção

Por ½ xícara: calorias, 94; proteína total, 5g; proteína de soja, 3g; gordura, 5g; carboidratos, 8g; cálcio, 22mg; fibras, 2g; sódio, 128mg.

Biscoitos Rápidos de Soja

RENDIMENTO: 6 A 8 BISCOITOS

A farinha de soja dá aos biscoitos proteína extra e um sabor adocicado como o de nozes.

Ingredientes

1 ½ xícara de farinha de trigo refinada sem branqueamento químico ou ¾ de xícara de farinha de trigo integral e ¾ de xícara de farinha de trigo refinada sem branqueamento químico
½ xícara de farinha de soja
1 colher (sopa) de fermento em pó
½ colher (chá) de sal (opcional)
¾ de xícara de leite ou iogurte de soja
¼ de xícara de óleo de canola ou soja

Preparo

1. Preaqueça o forno a 200°C.
2. Misture os ingredientes secos em uma tigela e faça um buraco no meio.
3. Misture o leite de soja e o óleo, despeje nos ingredientes secos e misture com um garfo até a massa começar a formar uma bola.
4. Despeje com uma colher sobre uma assadeira ou abra a massa com um rolo, corte em formato de biscoito e arrume na forma. Asse por 10 a 12 minutos até os biscoitos dourarem.

Porção

Por biscoito: calorias, 116; proteína total, 4g; proteína de soja, 2g; gordura, 6g; carboidratos, 12g; cálcio, 34mg; fibras, 1g; sódio, 2mg.

Crepes de Soja

RENDIMENTO: 9 CREPES DE 25CM

Esses crepes podem ser apreciados por si próprios ou como uma base versátil para recheios e molhos salgados ou doces. Experimente comê-los com geléia, molho de maçã ou Tofu Mexido (p. 43). Use-os no lugar da massa para manicotti.

Ingredientes

- ½ xícara de farinha de trigo refinada sem branqueamento químico ou farinha integral fina
- ½ xícara de farinha integral para pastelaria ou farinha de trigo especial
- ¼ de xícara de farinha de soja
- ¼ de xícara de fermento nutricional (opcional)
- ½ colher (chá) de fermento em pó
- ½ colher (chá) de sal
- 3 xícaras de leite de soja

Preparo

1. Misture os ingredientes secos e faça um buraco no meio.
2. Despeje o leite de soja e bata. A massa deve ficar bem fina.
3. Aqueça uma frigideira antiaderente para crepe em fogo médio e aplique spray antiaderente. Despeje cerca de ⅓ de xícara da massa, inclinando e mexendo a frigideira para que a massa forme uma camada fina no fundo. Espere até dourar na parte inferior e começar a se afastar da beira da frigi-

deira. Vire, jogando cuidadosamente para o alto e doure o outro lado. Sirva quente.

Porção *calorias, 85; proteína total, 5g; proteína de soja, 4g; gordura, 2g; carboidratos, 12g; cálcio, 35mg; fibras, 2g; sódio, 152mg.*

Rabanada sem Ovo

RENDIMENTO: 4 A 6 PORÇÕES

Sirva essa rabanada de baixa caloria e livre de colesterol com calda, mel ou geléia e um acompanhamento de Croquetes de Okara (p. 66) ou Palitos de Tempeh (p. 48).

Ingredientes

300g de tofu suave
¼ de xícara de leite de soja ou água
2 colheres (sopa) de mel ou xarope de bordo
2 colheres (sopa) de fermento nutricional (opcional)
½ colher (chá) de canela
½ colher (chá) de sal
4-8 fatias de pão integral

Preparo

1. Misture todos os ingredientes, exceto o pão, usando uma batedeira elétrica, um batedor de ovos ou um liquidificador.
2. Embeba cada fatia de pão na mistura de tofu até cobri-la. Doure cada lado em uma frigideira antiaderente ou uma chapa de ferro levemente untada. Sirva quente.

Porção

calorias, 112; proteína total, 5g; proteína de soja, 3g; gordura, 2g; carboidratos, 16g; cálcio, 15mg; fibras, 3g; sódio, 319mg.

Waffles ou Panquecas de Soja

RENDIMENTO: 6 WAFFLES DE 10CM OU 12 PANQUECAS DE 10CM

Congele o que não comer e reaqueça mais tarde na torradeira ou no microondas para obter uma refeição rápida.

Ingredientes

½ xícara de farinha de trigo refinada sem branqueamento químico ou farinha integral fina
½ xícara de farinha integral para pastelaria ou farinha de trigo especial
½ xícara de fubá
½ xícara de farinha de soja
¼ de xícara de germe de trigo
1 colher (sopa) de fermento em pó
1 ½ xícara de leite de soja ou ¼ de xícara de leite de soja em pó e 2 ½ xícaras de água

Preparo

1. Preaqueça uma forma de waffle ou grelha para panqueca antiaderente.
2. Misture todos os ingredientes secos e faça um buraco no meio.
3. Despeje o leite de soja e bata apenas até os ingredientes secos umedecerem.
4. Unte a forma de waffle ou grelha para panqueca e aplique spray antiaderente. Despeje a massa e asse até dourar. Use cerca de ¼ de xícara de massa por panqueca ou ⅓ de xícara por waffle. Quando as panquecas começarem a borbulhar, jogue-as para o alto para virá-las e doure o outro lado. Sirva

com calda, geléia, Palitos de Tempeh (p. 48) ou Croquetes de Okara (p. 66).

Porção *calorias, 201; proteína total, 11g; proteína de soja, 6g; gordura, 4g; carboidratos, 30g; cálcio, 41mg; fibras, 5g; sódio, 191mg.*

Muffins de Farelo e Okara

Rendimento: 12 muffins médios

Esses muffins são muito úmidos e densos, ricos em fibras e proteína.

Ingredientes

1 ½ xícara de farinha de trigo integral
1 xícara de farelo de aveia ou trigo
1 ½ xícara de bicarbonato de sódio
1 xícara de okara
½ xícara de xarope de sorgo, mel ou bordo
2 colheres (sopa) de óleo
½ xícara de uvas-passas (opcional)

Preparo

1. Preaqueça o forno a 200ºC.
2. Misture a farinha, o farelo e o bicarbonato de sódio. Em outra tigela, misture o leite de soja, o xarope e o óleo. Despeje os ingredientes líquidos nos secos e misture apenas até umedecerem. Acrescente as uvas-passas.
3. Despeje nas formas de muffin e asse por cerca de 20 minutos até a massa dourar e voltar à posição normal, quando você os tocar de leve com um dedo.

Porção

Por muffin: calorias, 159; proteína total, 4g; proteína de soja, 1g; gordura, 4g; carboidratos, 27g; cálcio, 18mg; fibras, 4g; sódio, 7mg.

Muffins de Soja e Blueberry sem Ovo

RENDIMENTO: 12 MUFFINS

Faça esses muffins doces e nutritivos com blueberries frescos ou congelados. Eles congelam bem.

Ingredientes

¾ de xícara de farinha de trigo refinada sem branqueamento químico ou farinha integral fina
¾ de xícara de farinha integral para pastelaria ou farinha de trigo especial
½ xícara de farinha de soja
¼ de xícara de germe de trigo
2 colheres (chá) de fermento em pó
½ colher (chá) de sal
1 ½ xícara de leite de soja ou Iogurte de Soja (p. 209)
½ xícara de mel
2 colheres (sopa) de óleo de canola
1 colher (chá) de baunilha
1 xícara de blueberries frescos ou congelados

Preparo

1. Preaqueça o forno a 200ºC.
2. Misture os ingredientes secos e faça um buraco no meio.
3. Bata juntos o leite de soja, o mel, o óleo e a baunilha. Despeje no buraco no meio dos ingredientes secos e mexa apenas até misturar. Acrescente os blueberries, despeje em formas de muffin untadas e asse por cerca de 20 minutos até dourar.

Porção

Por muffin: calorias, 160; proteína total, 5g; proteína de soja, 3g; gordura, 4g; carboidratos, 26g; cálcio, 25mg; fibras, 3g; sódio, 95mg.

Pão de Soja e Trigo Light com Alto Teor de Proteína

RENDIMENTO: 2 PÃES DE FORMA OU 16 PÃEZINHOS REDONDOS

Use este pão light com um sabor adocicado de nozes para fazer sanduíches, torradas, ou apenas o coma fatiado.

Ingredientes

3 xícaras de leite de soja
2 colheres (sopa) do adoçante de sua escolha
1 colher (sopa) de fermento biológico
2 colheres (chá) de sal
4 xícaras de farinha de trigo refinada sem branqueamento químico
2 xícaras de farinha de soja
3-4 xícaras de farinha de trigo integral

Preparo

1. Aqueça o leite de soja até o ponto de fervura (sem deixar ferver), dissolva o adoçante e o esfrie até ficar morno. Polvilhe por cima o fermento de pão e deixe descansar até o fermento começar a espumar.
2. Acrescente o sal e a farinha e bata até misturar bem. Adicione a farinha de soja e bata de novo. Junte a farinha de trigo, bata e amasse até a mistura se tornar homogênea. Cubra e espere até a massa quase dobrar de tamanho.
3. Preaqueça o forno a 180°C.
4. Soque a massa e forme 2 pães de forma ou 16 pãezinhos redondos. Deixe a massa descansar de novo até quase dobrar de tamanho. Asse os pães de forma por cerca de 45 minutos ou os pãezinhos redondos por cerca de 20 minutos. Pincele as superfícies com óleo de soja.

Porção Por pão: calorias, 273; proteína total, 13g; proteína de soja, 6g; gordura, 5g; carboidratos, 46g; cálcio, 83mg; fibras, 6g; sódio, 274mg.

Pão Multigrãos com Batata e Soja

RENDIMENTO: 2 PÃES DE FORMA OU 16 PÃEZINHOS REDONDOS

Varie os sabores desse pão rico em proteína usando as farinhas ou os grãos que tiver à mão.

Ingredientes

4 colheres (sopa) do adoçante natural de sua escolha
3 xícaras de água morna do cozimento de batatas
¼ de xícara de óleo de soja
1 colher (sopa) de fermento biológico
2 colheres (chá) de sal
3 xícaras de farinha de trigo refinada sem branqueamento químico ou farinha integral fina
½ xícara de aveia trilhada
½ xícara de quinoa
½ xícara de farinha de arroz integral ou cevada
½ xícara de farinha de soja
3 xícaras de farinha de trigo integral ou espelta

Preparo

1. Dissolva o adoçante na água do cozimento de batatas e adicione o óleo. Polvilhe o fermento biológico por cima e deixe descansar até o fermento começar a espumar.

2. Acrescente o sal e a farinha de trigo refinada sem branqueamento químico e bata até misturar bem. Adicione a aveia trilhada, a quinoa, a farinha de arroz integral e a farinha de soja e bata novamente. Junte a farinha de trigo integral, bata e amasse até a mistura se tornar homogênea. Cubra e espere até a massa quase dobrar de tamanho.

Preparo

3. Preaqueça o forno a 180ºC.
4. Soque a massa e forme 2 pães de forma ou 16 pãezinhos redondos. Deixe a massa descansar de novo até quase dobrar de tamanho. Asse os pães de forma por cerca de 45 minutos ou os pãezinhos redondos por cerca de 20 minutos. Pincele as superfícies com óleo de soja.

Porção

calorias, 260; proteína total, 8g; proteína de soja, 1g; gordura, 5g; carboidratos, 45g; cálcio, 58mg; fibras, 5g; sódio, 270mg.

Louise Hagler

Pão de Trigo e Okara

Rendimento: 2 pães de forma ou 16 pãezinhos redondos

Experimente esse pão saboroso e úmido para obter uma quantidade extra de proteína e fibras.

Ingredientes

1 colher (sopa) de mel
2 xícaras de água ou leite de soja quente
1 colher (sopa) de fermento seco ativo
4 xícaras de farinha de trigo integral
3 xícaras de okara
2 colheres (chá) de sal
¼ de xícara de óleo
4 xícaras de farinha de trigo refinada
   sem branqueamento químico

Preparo

1. Dissolva o mel na água quente. Polvilhe o fermento por cima e deixe descansar por cerca de 5 minutos até o fermento começar a espumar.
2. Bata a farinha de trigo integral, o okara, o óleo e o sal. Junte a farinha de trigo sem branqueamento químico e amasse até a mistura se tornar homogênea. Cubra e espere até a massa quase dobrar de tamanho.
3. Preaqueça o forno a 180ºC.
4. Soque a massa e forme 2 pães de forma ou 16 pãezinhos redondos. Coloque em assadeiras e deixe a massa descansar de novo até quase dobrar de tamanho. Asse os pães de forma por cerca de 40 minutos ou os pãezinhos redondos por cerca de 25 minutos.

Porção

Por pão: calorias, 252; proteína total, 8g; proteína de soja, 1g; gordura, 4g; carboidratos, 45g; cálcio, 75mg; fibras, 6g; sódio, 271mg.

Croquetes de Okara

Rendimento: 24 a 30 porções

Sirva com rabanadas, panquecas ou waffles. Esta receita congela bem, por isso prepare uma boa quantidade para guardar no freezer e usar depois. Se você for congelar esse prato, adicione o óleo opcional para evitar que se esfacele após o descongelamento. Experimente os Enroladinhos de Soja (p. 68).

Ingredientes

4 xícaras de okara
2 xícaras de farinha de trigo integral
½ xícara de germe de trigo
½ xícara de fermento nutricional
1 ½ xícara de leite de soja
½ xícara de óleo de soja (opcional)
¼ de xícara de molho de soja
2 colheres (sopa) de alho em pó
1 colher (sopa) de orégano
2 colheres (chá) de sal
1 colher (chá) de pimenta-da-jamaica
1 colher (chá) de pimenta-do-reino
1 ½ colher (chá) de sementes de erva-doce
½-1 colher (chá) de pimenta-de-caiena
   ou chili chipotle a gosto
½ colher (chá) de mostarda seca

Preparo

1. *Método do fogão*: Preaqueça o forno a 180°C. Misture todos os ingredientes. Comprima dentro de 2 formas de pão antiaderentes untadas ou forme 48 croquetes ou 30 bolinhos e

ponha em uma assadeira untada. Asse os pães por cerca de 1 hora. Asse os croquetes ou os bolinhos por 15 a 20 minutos de cada lado até dourarem.
2. *Método do microondas*: Molde cuidadosamente os croquetes ou bolinhos e doure em azeite de oliva em fogo moderado.

Porção

calorias, 65; proteína total, 4g; proteína de soja, 1g; gordura, 1g; carboidratos, 10g; cálcio, 23mg; fibras, 2g; sódio, 314mg.

Enroladinhos de Soja

RENDIMENTO: 16 ENROLADINHOS

Esta é uma versão vegetariana dos "Enroladinhos".

Ingredientes

16 Croquetes de Okara (p. 66)
A massa dos Biscoitos Rápidos de Soja (p. 52) ou
 ½ receita da massa do Pão de Trigo e Okara (p. 64)

Preparo

1. Abra a massa dos biscoitos ou do pão e corte-a em 16 rodelas, triângulos ou quadrados.
2. Enrole-a ao redor dos Croquetes de Okara e asse no forno a 180°C em uma assadeira untada até dourarem, por cerca de 12 minutos se a massa for a dos biscoitos e por 15 a 20 minutos se for a do pão. Sirva quente com mostarda e condimentos ou chucrute.

Porção

Por enroladinho (com a massa dos biscoitos): calorias, 125; proteína total, 5g; proteína de soja, 2g; gordura, 5g; carboidratos, 15g; cálcio, 39mg; fibras, 2g; sódio, 186mg.

Por enroladinhos (com a massa do pão): calorias, 164; proteína total, 6g; proteína de soja, 1g; gordura, 3g; carboidratos, 28g; cálcio, 51mg; fibras, 4g; sódio, 220mg.

Granola com Okara

Rendimento: 5 xícaras (6 porções)

Eis uma granola acrescida das fibras e da proteína do okara.

Ingredientes

2 xícaras de okara
3 xícaras de aveia trilhada
⅓ de xícara de sementes de girassol
2 colheres (sopa) de sementes de gergelim
½ xícara do adoçante líquido de sua escolha (mel, xarope de bordo, cevada, sorgo ou melaço)
½ colher (chá) de baunilha (opcional)

Preparo

1. Preaqueça o forno a 150°C.
2. Espalhe o okara em uma assadeira e leve ao forno por cerca de 30 minutos até ficar quase seco. Mexa várias vezes durante o preparo. O tempo necessário para quase secar o okara dependerá do quanto estava úmido no início.
3. Acrescente a aveia trilhada, misture e leve de volta ao forno por cerca de 15 minutos, mexendo de vez em quando enquanto estiver assando.
4. Jogue o okara e a aveia trilhada em uma tigela grande e acrescente as sementes de girassol e gergelim, o adoçante e a baunilha. Espalhe a mistura novamente na assadeira e leve ao forno por mais 10 a 15 minutos ou até ficar dourada por igual, mexendo sempre. Resfrie e guarde na geladeira em um recipiente bem fechado.

Porção

calorias, 347; proteína total, 11g; proteína de soja, 1g; gordura, 8g; carboidratos, 57g; cálcio, 94mg; fibras, 7g; sódio, 5mg.

Soja integral

Soja Cozida sob Pressão

RENDIMENTO: 2 ½ A 3 XÍCARAS (5 PORÇÕES)

A proteína da soja deve ser bem cozida para ser digerida. Descobri que o único modo de cozinhar totalmente a soja integral seca é em uma panela de pressão. Cozinhá-la em panela comum, mesmo que por 9 a 10 horas, não a torna realmente macia. Você deve poder esmagá-la facilmente com a língua contra o céu da boca.

A soja contém alguns açúcares que não são facilmente digeridos por algumas pessoas e pode causar flatulência em outras. Pôr de molho e escaldar os grãos antes do cozimento pode ajudar a resolver esse problema. Acrescentar um pouco de kombu à água do cozimento também ajuda. O kombu realça naturalmente o sabor, eliminando a necessidade de sal.

Ingredientes

- 1 xícara de soja seca
- 3 xícaras de água
- 1 pedaço quadrado de 5cm de kombu (opcional)
- 1 colher (sopa) de óleo (opcional)
- ½ colher (chá) de sal (opcional)

Preparo

1. Escolha e lave os grãos de soja, que você pode pôr de molho ou não antes de cozinhar. Pôr a soja de molho e escaldá-la rapidamente ou sob pressão ajuda a eliminar os açúcares prejudiciais anteriormente mencionados.

Preparo

2. *Molho durante a noite*: Ponha a soja de molho em água fria na noite anterior. Para escaldar, coloque em água fervente durante 10 minutos. Escorra e enxágüe. *Molho rápido*: Despeje água fervente sobre a soja, ferva por cerca de 10 minutos e deixe descansar por cerca de 1 hora. Derrame a água, enxágüe e escorra. *Molho sob pressão*: Ponha a soja para ferver em uma panela de pressão, apague o fogo e deixe a pressão acabar sozinha. Enxágüe e escorra.
3. Para cozinhar a soja que ficou de molho, ponha água nova na panela e cozinhe por 30 a 40 minutos.
4. Cozinhe a soja que não ficou de molho por 45 a 75 minutos. O tempo médio de cozimento é de cerca de 1 hora, o qual, contudo, varia, dependendo do tipo, da idade e da secura dos grãos.
5. A casca da soja pode se soltar e bloquear a válvula reguladora da pressão. Nesse caso, apague o fogo, espere a pressão acabar, retire e limpe a válvula e remova as cascas soltas que estiverem flutuando na superfície. Tampe novamente a panela, acenda o fogo e continue a cozinhar. Nunca deixe de vigiar a panela.

Porção

calorias, 149; proteína total, 12g; proteína de soja, 12g; gordura, 7g; carboidratos, 9g; cálcio, 88mg; fibras, 4g; sódio, 1mg.

Burritos de Soja

RENDIMENTO: 8 BURRITOS

Use tortillas de trigo ou milho, ou experimente as Tortillas de Soja e Trigo e acrescente tomates picados e pimentas jalapeño ou seu molho picante favorito. Polvilhe com fermento nutricional para obter um sabor extra parecido com o de queijo.

Ingredientes

Soja Cozida sob Pressão (p. 73)
Tortillas de trigo ou milho, ou
    Tortillas de Soja e Trigo (p. 76)
Seu molho picante favorito a gosto
Tomates picados
Pimenta-malagueta a gosto
Alface picada
Coentro fresco picado
Fermento nutricional

Preparo

1. Recheie as tortillas com soja e os ingredientes de sua escolha.

Porção

Por tortilla (usando ⅓ de xícara para todos os ingredientes): calorias, 223; proteína total, 13g; proteína de soja, 8g; gordura, 5g; carboidratos, 31g; cálcio, 102mg; fibras, 6g; sódio, 216mg.

Tortillas de Soja e Trigo

RENDIMENTO: 8 TORTILLAS DE 25CM

A tortilla mais gostosa é aquela feita na hora. Um processador de alimentos ou uma batedeira elétrica com gancho para massas facilitam muito seu preparo, embora também possa ser feita manualmente.

Ingredientes

1 xícara de farinha de trigo refinada sem branqueamento químico
2/3 de xícara de farinha de trigo integral
1/3 de xícara de farinha de soja
1/4 de colher (chá) de sal
3/4 de xícara de água morna

Preparo

1. Misture as farinhas e o sal no processador de alimentos. Despeje a água enquanto o processador estiver em funcionamento e processe até que forme uma bola e deixe limpas as laterais da tigela. A massa não deve ficar pegajosa, mas macia, para poder ser trabalhada. Retire a bola e deixe a massa descansar por alguns minutos.
2. Forme com a massa 8 bolas de cerca de 4cm de diâmetro. A massa deve abrir facilmente com pouca ou nenhuma farinha. Abra-a bem fina, se possível com menos de 1,5mm.
3. Cozinhe as tortillas em uma assadeira quente e seca. Elas borbulharão em cima e dourarão embaixo das bolhas quando estiverem prontas para serem viradas. O outro lado deve ser cozido do mesmo modo. Cada lado leva apenas de 10 a 15 segundos para cozinhar em uma chapa realmente quen-

te. Essas tortillas são mais gostosas feitas na hora, mas podem ser empilhadas dentro de um pano úmido e reaquecidas posteriormente.

Porção

Por tortilla: calorias, 100; proteína total, 3g; proteína de soja, 0g; gordura, 0g; carboidratos, 21g; cálcio, 28mg; fibras, 2g; sódio, 68mg.

Soja Verde na Vagem

RENDIMENTO: CERCA DE 2 XÍCARAS

É um petisco especial em algumas partes da Ásia, servido como tira-gosto e acompanhamento para saquê ou cerveja, ou uma guloseima para a lancheira das crianças. A soja é colhida quase madura, mas ainda verde e não totalmente seca. Se você tiver espaço no jardim, pode facilmente plantá-la no verão. Às vezes, a soja verde na vagem é encontrada em lojas de produtos naturais e orientais.

Ingredientes

500g de soja verde na vagem
2 xícaras de água
½ colher (chá) de sal

Preparo

1. Lave e cozinhe no vapor ou na água a soja verde na vagem por 15 a 20 minutos ou até ficar macia, mas ainda crocante. Sirva-a na vagem, porém retire-a da vagem antes de comer.

Variação: Retire a soja verde da vagem e cozinhe por 15 a 20 minutos ou até ficar macia, mas ainda crocante. Sirva da mesma forma que ervilha verde.

Porção

Por ¼ de xícara: calorias, 80; proteína total, 7g; proteína de soja, 7g; gordura, 2g; carboidratos, 6g; cálcio, 84mg; fibras, 1g; sódio, 135mg.

Soja Assada

RENDIMENTO: 4 XÍCARAS (6 PORÇÕES)

Este é um modo delicioso de servir sobras de soja.

Ingredientes

1 cebola média picada
1 pimentão verde pequeno picado
2 dentes de alho bem picados
½ colher (sopa) de óleo de soja ou azeite de oliva
3 xícaras de Soja Cozida sob Pressão (p. 73)
¼ de xícara de melado de sorgo
¼ de xícara de ketchup ou 4 colheres (sopa) de massa de tomate
½ colher (chá) de mostarda seca

Preparo

1. Preaqueça o forno a 180°C.
2. Refogue a cebola, o pimentão e o alho no óleo. Misture todos os ingredientes em um prato de forno de 1,5L e asse destampado por cerca de 45 minutos. (Se você não tiver tempo para assar, esquente bem no fogão ou microondas.)

Porção

calorias, 229; proteína total, 13g; proteína de soja, 12g; gordura, 8g; carboidratos, 26g; cálcio, 116mg; fibras, 4g; sódio, 480mg.

Variação: Ponha no prato de forno 2 "salsichas de soja ou tofu" cortadas em pedaços, antes de assar.

Porção

calorias, 252; proteína total, 15g; proteína de soja, 15g; gordura, 8g; carboidratos, 27g; cálcio, 116mg; fibras, 4g; sódio, 480mg.

Churrasco de Soja

Rendimento: 4 xícaras (6 porções)

Ponha seu molho barbecue favorito nas sobras de soja cozida sob pressão, esquente e sirva.

Ingredientes

1 ½ xícara de seu molho barbecue favorito ou do molho a seguir

Para o molho barbecue
115g de polpa de tomate
1 xicara de água
⅓ de xícara de açúcar mascavo
¼ de xícara de molho de mostarda para salada
1 colher (sopa) de cebola em pó
½ colher (chá) de alho em pó
½ colher (chá) de pimenta-da-jamaica
½ colher (chá) de pimentão vermelho esmagado ou chipotle a gosto
½ colher (chá) de sal
3 xícaras de Soja Cozida sob Pressão (p. 73)
1 colher (sopa) de vinagre

Preparo

1. Misture todos os ingredientes, exceto a soja e o vinagre. Leve ao fogo. Depois que ferver, cozinhe em fogo brando por 10 minutos, acrescente a soja e o vinagre e mantenha em fogo brando até esquentar bem.

Porção

calorias, 212; proteína total, 13g; proteína de soja, 12g; gordura, 9g; carboidratos, 19g; cálcio, 103mg; fibras, 4g; sódio, 474mg.

Hambúrgueres de Soja

RENDIMENTO: 8 HAMBÚRGUERES

Use as sobras de soja cozida para fazer estes hambúrgueres ou Almôndegas de Soja sem Carne (veja variação a seguir). Sirva os hambúrgueres em pães redondos torrados com mostarda, alface e tomate. As Almôndegas de Soja sem Carne são um ótimo acompanhamento para massas. Esta receita é adaptada de *Lighten Up! – with Louise Hagler*.

Ingredientes

- 2 xícaras de Soja Cozida sob Pressão (p. 73)
- ½ xícara de farinha de aveia crua ou farinha de trigo Integral
- ½ xícara de farelo de aveia ou germe de trigo
- ½ xícara de cebola bem picada ou 2 colheres (chá) de cebola em pó
- 1 dente de alho bem picado ou ½ colher (chá) de alho em pó
- 2 colheres (sopa) de polpa de tomate ou ketchup
- 1 colher (chá) de sal
- ½ colher (chá) de orégano
- ½ colher (chá) de manjericão

Preparo

1. Passe a soja em um espremedor de batatas ou processador de alimentos.
2. Junte a soja ao resto dos ingredientes. Misture bem e divida em 8 bolas. Achate cada uma até ficar com cerca de 13mm de espessura ou menos. Frite em uma superfície antiaderente borrifada com spray antiaderente. Deixe dourar dos dois lados.

Porção

Por hambúrguer: calorias, 130; proteína total, 9g; proteína de soja, 6g; gordura, 5g; carboidratos, 12g; cálcio, 53mg; fibras, 4g; sódio, 270mg.

Almôndegas de Soja sem Carne: Preaqueça o forno a 180ºC. Com a mistura de hambúrguer, faça 24 almôndegas. Borrife uma assadeira de 23 x 33cm com spray antiaderente ou unte com 1 colher (sopa) de óleo. Arrume as almôndegas uniformemente e asse por 30 a 40 minutos, virando-as a cada 10 minutos para dourar todos os lados.

Porção

Por almôndega: calorias, 43; proteína total, 3g; proteína de soja, 2g; gordura, 2g; carboidratos, 4g; cálcio, 18mg; fibras, 1g; sódio, 90mg.

Café de Soja

RENDIMENTO: ¾ DE XÍCARA (MOÍDO) OU 6 A 12 XÍCARAS (LÍQUIDO)

Tome o "café" de soja, uma bebida descafeinada, a qualquer hora do dia. Esta receita é adaptada de *The New Farm Vegetarian Cookbook*.

Ingredientes

1 xícara de soja

Preparo

1. Ponha a soja de molho durante a noite ou use o método do "molho rápido" (p. 74).
2. Preaqueça o forno a 150ºC. Espalhe em uma assadeira uma camada da soja posta de molho. Asse no forno até ficar marrom-escura, mas não queimada. Isso leva cerca de 4 horas. Passe por um moedor de café, se possível ainda quente, e faça como se estivesse preparando café. Use 1 ou 2 colheres (sopa) rasas dos grãos moídos por xícara de água. Você também pode cozinhá-los em fogo brando por cerca de 5 minutos. Não deixe ferver para não ficar amargo.

Porção

Por xícara: calorias, 19; proteína total, 2g; proteína de soja, 2g; gordura, 1g; carboidratos, 1g; cálcio, 11mg; fibras, 0g; sódio, 0mg.

Brotos de Soja

Rendimento: 1L

Crocantes, nutritivos e saborosos, os brotos de soja se desenvolvem facilmente em casa e podem ser encontrados em lojas de produtos naturais ou orientais. A soja leva de cinco a dez dias para brotar. Estas instruções são adaptadas de *The New Farm Vegetarian Cookbook*. Para conseguir preços melhores, compre a soja em grande quantidade de uma cooperativa de alimentos. Certifique-se de que não foi tratada com mercúrio ou outras substâncias químicas.

Materiais:
Soja seca (cerca de ¼ de xícara de soja seca rende um pote de 1L de brotos)
Água
Recipiente para os brotos se desenvolverem – um pote de vidro com tecido de náilon ou algodão esticado sobre a boca e preso com elástico; ou uma bandeja ou assadeira, preferencialmente de vidro ou um material à prova de ferrugem
Peneira para lavar os brotos de soja

Passos básicos:
1. Lave bem os grãos de soja, umas 3 a 4 vezes, para remover as bactérias e a poeira.
2. Ponha a soja de molho durante a noite em água de morna a fria para que germine. Se você estiver usando um pote de vidro, ponha de molho no mesmo pote.
3. Estique um pouco do tecido de náilon, ou algodão, sobre a boca do pote e prenda com um elástico.

Culinária da soja

Preparo

4. Escorra a água inclinando o pote sobre uma pia. Se você estiver usando uma bandeja, escorra bem a soja em uma peneira e espalhe-a na bandeja.
5. Ponha a soja para germinar em um lugar quente e escuro. Não espalhe mais do que duas camadas de grãos para permitir o desenvolvimento adequado dos brotos. Se estiver usando um pote, incline-o e sacuda a soja para que se alinhe aos lados. Se estiver usando uma bandeja, forre o fundo com um pano úmido, espalhe a soja e cubra com um tecido de algodão.
6. Molhe a soja sempre que parecer seca (geralmente de 2 a 3 vezes por dia). Um borrifador pode ser útil, principalmente quando você usa uma bandeja. Os brotos desenvolvidos em pote podem ser lavados em água corrente, mas devem ser bem escorridos.

Os brotos totalmente desenvolvidos devem ter de 4 a 6,5cm de comprimento. Os germinados no escuro ficam amarelos. Se os brotos totalmente desenvolvidos forem colocados durante algumas horas sob luz indireta, produzirão clorofila e ficarão verdes. Antes de servir, mergulhe os brotos em água fria e agite-os ligeiramente. A maior parte das cascas subirá à superfície, onde poderão ser removidas. Escorra e sirva, ou guarde na geladeira em um recipiente ou saco plástico hermeticamente fechado. Os brotos se conservarão por alguns dias.

Porção

Por ½ xícara: calorias, 45; proteína total, 4g; proteína de soja, 4g; gordura, 1g; carboidratos, 4g; cálcio, 24mg; fibras, 1g; sódio, 5mg.

Nozes de Soja

Rendimento: 3 xícaras

Use o método do forno para um tira-gosto com teor mais baixo de gordura. Esta receita é adaptada de *The New Farm Vegetarian Cookbook*.

Ingredientes

1 xícara de soja

Preparo

1. Ponha a soja de molho durante a noite ou em uma panela de pressão com água suficiente e 1 colher (sopa) de óleo. Quando a panela chiar, retire-a imediatamente do fogo, deixando-a perder a pressão lentamente. (A soja deve ser posta de molho ou parcialmente cozida para ser digerível.) Escorra bem em uma peneira ou um escorredor.
2. *Método de fritar*: Esquente 3 xícaras de óleo a 200°C e acrescente cuidadosamente 1 xícara de soja posta de molho. Frite em chama máxima por cerca de 7 minutos ou até dourar. Retire do fogo e escorra em papel absorvente. Salgue a gosto. Certifique-se de que o óleo esteja a 200°C sempre que for recomeçar a fritar. *Método de torrar no forno*: Ponha uma camada de grãos de soja em uma forma untada e asse a 180°C por 30 a 45 minutos até dourar, mexendo de vez em quando.

Guarde as nozes de soja em um recipiente hermeticamente fechado para mantê-las crocantes e sirva como tira-gosto de alta proteína.

Porção

Por ¼ de xícara (método de torrar no forno): calorias, 50; proteína total, 4g; proteína de soja, 4g; gordura, 2g; carboidratos, 3g; cálcio, 29mg; fibras, 1g; sódio, 0mg.

Molhos, pastas e dips

Molho de Gengibre e Missô

RENDIMENTO: ½ XÍCARA

Use este molho de sabor ativo e fácil de fazer em saladas ou hortaliças cozidas no vapor.

Ingredientes

⅓ de xícara de missô amarelo
1 ½ colher (sopa) de suco de limão ou
   vinagre de arroz
2 colheres (sopa) de mel
1 dente de alho esmagado
1 colher (chá) de raiz de gengibre ralada

Preparo

1. Bata no liquidificador todos os ingredientes até ficarem homogêneos e cremosos.

Porção

Por 2 colheres de sopa: calorias, 82; proteína total, 2g; proteína de soja, 2g; gordura, 1g; carboidratos, 15g; cálcio, 17mg; fibras, 1g; sódio, 1mg.

Molho de Tahini e Missô

RENDIMENTO: ½ XÍCARA

Sirva este molho com hortaliças cozidas no vapor ou grãos.

Ingredientes

¼ de xícara de água
¼ de xícara de tahini
1 colher (sopa) de missô escuro
2 colheres (chá) de cebola ralada

Preparo

1. Bata no liquidificador todos os ingredientes até ficarem homogêneos e cremosos.

Porção

Por 2 colheres (sopa): calorias, 95; proteína total, 3g; proteína de soja, 0g; gordura, 7g; carboidratos, 5g; cálcio, 66mg; fibras, 2g; sódio, 11mg.

Molho de Missô para Salada

RENDIMENTO: 1 XÍCARA

Esta receita pede missô amarelo, mas se você quiser pode substituí-lo por um missô mais escuro. O sabor muda um pouco quando é usado um missô diferente.

Ingredientes

1 colher (sopa) de óleo de gergelim
6 colheres (sopa) de missô amarelo
2 colheres (sopa) de vinagre de arroz
1 colher (sopa) de mel
2 colheres (chá) de cebola ralada ou
    1 colher (chá) de cebola em pó
6 colheres (sopa) de água

Preparo

1. Bata no liquidificador todos os ingredientes até ficarem homogêneos e cremosos.
2. Para servir quente: aqueça, mas não deixe ferver. Sirva sobre hortaliças cozidas no vapor, grãos ou tofu.

Porção

Por 2 colheres (sopa): calorias, 50; proteína total, 1g; proteína de soja, 1g; gordura, 2g; carboidratos, 6g; cálcio, 9mg; fibras, 1g; sódio, 0mg.

Molho Cremoso de Cogumelos

RENDIMENTO: 3 XÍCARAS (3 A 4 PORÇÕES)

Este é um molho perfeito para massas. Complete a refeição com vagens cozidas no vapor e uma salada verde fresca.

Ingredientes

500g de cogumelos fatiados
2 colheres (sopa) de óleo de soja ou azeite de oliva
¼ de xícara de farinha de trigo refinada sem branqueamento químico ou farinha integral fina
2 colheres (sopa) de fermento nutricional
3 xícaras de leite de soja
1 colher (sopa) de cebolinha francesa
1 colher (sopa) de molho de soja
2 colheres (chá) de cebola em pó
½ colher (chá) de alho em pó
⅛ de xícara de pimenta-do-reino recém-moída

Preparo

1. Refogue os cogumelos em 1 colher (sopa) de óleo.
2. Tire-os da panela e acrescente 1 colher (sopa) de óleo, a farinha e o fermento nutricional. Bata e deixe borbulhar em fogo alto por cerca de 1 minuto. Acrescente o leite de soja, a cebolinha francesa, o molho de soja, a cebola em pó, o alho em pó e a pimenta-do-reino. Continue batendo até a mistura ficar espessa e homogênea. Adicione os cogumelos salteados e sirva.

Porção

calorias, 216; proteína total, 11g; proteína de soja, 7g; gordura, 12g; carboidratos, 17g; cálcio, 41mg; fibras, 5g; sódio, 206mg.

Pasta de Tofu e Missô

RENDIMENTO: 1 XÍCARA

Sirva esta pasta cremosa com bolachas e pão ou como um dip para hortaliças ou salgadinhos.

Ingredientes

1 dente de alho
250g de tofu
3 colheres (sopa) de missô de arroz
3 colheres (sopa) de vinagre de arroz
2 colheres (chá) de cebola em pó

Preparo

1. Pique o alho no processador de alimentos.
2. Acrescente o resto dos ingredientes e processe até obter uma mistura homogênea. Leve à geladeira por algumas horas ou durante a noite para que os sabores se misturem.

Porção

Por 2 colheres (sopa): calorias, 37; proteína total, 3g; proteína de soja, 3g; gordura, 1g; carboidratos, 3g; cálcio, 35mg; fibras, 0g; sódio, 2mg.

Dip Cremoso de Tofu e Coentro

RENDIMENTO: 1 ¼ DE XÍCARA

Sirva no lugar do creme azedo em qualquer prato principal mexicano ou como antepasto com salgadinhos ou hortaliças cruas.

Ingredientes

1 dente de alho grande
1 pimenta jalapeño (opcional) ou ⅛ de colher (chá)
 de pimenta-malagueta seca
1 xícara de folhas de coentro frescas
300g de tofu suave ou 250g de tofu comum +
 6 colheres (sopa) de água
1 colher (sopa) de limão-taiti
½ colher (chá) de sal

Preparo

1. Pique o alho no processador de alimentos, acrescente a pimenta jalapeño, pique, adicione as folhas de coentro e pique de novo. Retire do processador e reserve.
2. Passe o tofu, o suco de limão-taiti e o sal pelo processador até que fiquem homogêneos e cremosos.
3. Adicione o alho, o coentro e a pimenta jalapeño. Sirva gelado como dip ou condimento com comida mexicana.

Dip Cremoso de Tofu e Cominho: Substitua o coentro por 1 colher (chá) de cominho em pó.

Porção

Por 2 colheres (sopa): calorias, 14; proteína total, 2g; proteína de soja, 2g; gordura, 0g; carboidratos, 1g; cálcio, 3mg; fibras, 0g; sódio, 160mg.

Pasta Picante de Tempeh

RENDIMENTO: 1 ½ XÍCARA

Passe em biscoitos para um lanche ou em um sanduíche com todos os acompanhamentos para uma refeição.

Ingredientes

230g de tempeh
1 colher (sopa) de ketchup
1 colher (sopa) de missô
1 colher (chá) de cebola em pó
½ colher (chá) de alho em pó
½ colher (chá) de sálvia
½ colher (chá) de tomilho
⅛ de colher (chá) de pimentão vermelho esmagado

Preparo

1. Cozinhe o tempeh no vapor por 20 minutos.
2. Passe todos os ingredientes no processador de alimentos até se tornarem uma pasta homogênea.

Porção

Por ¼ de xícara: calorias, 92; proteína total, 8g; proteína de soja, 7g; gordura, 4g; carboidratos, 8g; cálcio, 38mg; fibras, 2g; sódio, 168mg.

Dip Califórnia de Tofu

Rendimento: 1 ½ xícara

Eis uma versão com tofu do dip de sopa de cebola seca. Sirva com hortaliças cruas ou salgadinhos.

Ingredientes

300g de tofu suave
1 pacote de mistura para sopa de cebola seca

Preparo

1. Misture todos os ingredientes no processador de alimentos ou liquidificador até ficarem cremosos. Leve à geladeira durante a noite para que os sabores se misturem.

Porção

Por 2 colheres (sopa): calorias, 24; proteína total, 3g; proteína de soja, 2g; gordura, 0g; carboidratos, 2g; cálcio, 5mg; fibras, 0g; sódio, 240mg.

Dip ou Pasta de Endro, Tofu e Missô

RENDIMENTO: 1 ½ XÍCARA

Sirva como antepasto com hortaliças cruas, salgadinhos ou biscoitos.

Ingredientes

250g de tofu
6 colheres (sopa) de missô amarelo
3 colheres (sopa) de vinagre de arroz
1 dente de alho bem picado
1 colher (chá) de folhas de endro

Preparo

1. Misture todos os ingredientes no processador de alimentos ou liquidificador até ficarem homogêneos e cremosos.

Porção

Por 2 colheres (sopa): calorias, 40; proteína total, 3g; proteína de soja, 3g; gordura, 1g; carboidratos, 4g; cálcio, 31mg; fibras, 1g; sódio, 2mg.

Dip ou Molho de Mostarda, Mel e Missô

Rendimento: ¾ de xícara

Sirva como molho para salada ou dip com hortaliças cruas.

Ingredientes

¼ de colher (sopa) de missô amarelo
¼ de xícara de vinagre de arroz
2 colheres (sopa) de óleo de soja
2 colheres (sopa) de mel
¼ de colher (chá) de mostarda seca

Preparo

1. Bata todos os ingredientes no liquidificador até ficarem homogêneos e cremosos.

Porção

Por 2 colheres (sopa): calorias, 76; proteína total, 1g; proteína de soja, 1g; gordura, 5g; carboidratos, 7g; cálcio, 8mg; fibras, 1g; sódio, 0mg.

Molho Tártaro

Rendimento: 1 ¾ de xícara

Sirva com Tofu ao Forno (p. 150), Palitos de Tempeh (p. 48) ou Hambúrgueres de Soja (p. 81).

Ingredientes

300g de tofu suave
2 colheres (sopa) de suco de limão
2 colheres (sopa) de cebola em pó
½ colher (chá) de mostarda seca
½ colher (chá) de sal
6 colheres (sopa) de cebola picada
3 colheres (sopa) de picles

Preparo

1. Bata o tofu, o suco de limão, a cebola em pó, a mostarda e o sal no liquidificador até ficarem homogêneos e cremosos. Acrescente a cebola e os picles.

Porção

Por 2 colheres (sopa): calorias, 15; proteína total, 2g; proteína de soja, 2g; gordura, 0g; carboidratos, 2g; cálcio, 2mg; fibras, 0g; sódio, 118mg.

Molho Thousand Island: acrescente ¼ de xícara de ketchup quando bater os ingredientes.

Porção

Por 2 colheres (sopa): calorias, 19; proteína total, 2g; proteína de soja, 2g; gordura, 0g; carboidratos, 2g; cálcio, 3mg; fibras, 0g; sódio, 163mg.

Molho Picante de Tofu para Salada

RENDIMENTO: 1 ½ XÍCARA

Este é um substituto sem gordura da maionese. Tem um sabor ativo que incrementa sanduíches e saladas. Pode ser conservado na geladeira por cerca de uma semana. Esta receita é de *Lighten Up! – with Louise Hagler*.

Ingredientes

300g de tofu suave de gordura reduzida
2 colheres (sopa) de vinagre de maçã
1 colher (sopa) do adoçante de sua escolha
½ colher (chá) de sal
⅛ de colher (chá) de mostarda seca
¼ de colher (chá) de alho em pó

Preparo

1. Bata todos os ingredientes no liquidificador até ficarem homogêneos e cremosos.

Porção

Por 2 colheres (sopa): calorias, 16; proteína total, 2g; proteína de soja, 2g; gordura, 0g; carboidratos, 1g; cálcio, 1mg; fibras, 0g; sódio, 112mg.

Sopas e saladas

Sopa de Somen* e Missô

RENDIMENTO: 6 XÍCARAS

Esta sopa de macarrão é leve e saborosa, no estilo asiático clássico.

Ingredientes

125g de somen
1L de água
1 pedaço de 15cm de kombu (opcional)
1 cenoura média (1 xícara) cortada em palitos pequenos
125g de tofu cortado em cubos
6-8 cebolinhas verdes picadas
6 colheres (sopa) de missô branco

Preparo

1. Cozinhe o somen até ficar macio. Lave e escorra.
2. Ferva a água, acrescente o kombu e cozinhe em fogo brando por cerca de 5 minutos. Retire e guarde o kombu para usar em outra ocasião.
3. Acrescente a cenoura e cozinhe em fogo brando por cerca de 5 minutos apenas até ficar macia.
4. Adicione o somen, o tofu e metade das cebolinhas verdes. Mantenha em fogo brando até tudo ficar quente.
5. Retire cerca de 1 xícara do caldo e dissolva o missô. Apague o fogo, acrescente o missô dissolvido e mexa. Sirva em tigelas (sopa) guarnecidas com o resto das cebolinhas.

Porção

Por xícara: calorias, 87; proteína total, 5g; proteína de soja, 3g; gordura, 1g; carboidratos, 12g; cálcio, 45mg; fibras, 2g; sódio, 11mg.

---

*Macarrão somen = macarrão fino à base de trigo. (*N. da R. T.*)

Sopa de Tofu e Missô

RENDIMENTO: 6 A 8 PORÇÕES

Você pode experimentar tipos de missô diferentes para variar o sabor desta sopa.

Ingredientes

6 xícaras de água
1 cenoura cortada em palitos pequenos
1 cebola pequena cortada em rodelas
250g de agrião picado grosseiramente
½ xícara de missô branco
250g de tofu ou ½ pacote de tofu suave
   cortado em cubos pequenos

Preparo

1. Ferva a água e acrescente a cenoura.
2. Apague o fogo e adicione a cebola, o agrião e o tofu.
3. Retire ½ xícara de água quente e misture com o missô.
4. Continue a mexer até a mistura ficar homogênea, leve-a de volta à panela e mexa. Não deixe ferver. Sirva imediatamente.

Porção

calorias, 79; proteína total, 5g; proteína de soja, 4g; gordura, 2g; carboidratos, 9g; cálcio, 92mg; fibras, 2g; sódio, 20mg.

Sopa de Soja Verde

Rendimento: 6 xícaras

Faça esta sopa com soja verde, quando disponível, ou soja seca cozida sob pressão.

Ingredientes

6 xícaras de água
500g de soja verde tirada das vagens
   (2 xícaras)
1 cebola pequena picada
2 dentes de alho bem picados
1 xícara de cenoura picada
1 colher (chá) de sal
¼ de xícara de coentro picado ou
   ¼ de xícara de estragão

Preparo

1. Ferva a soja verde na água por 20 minutos.
2. Acrescente a cebola, o alho, a cenoura e o sal. Cozinhe em fogo brando até a cenoura ficar macia. Adicione o coentro e cozinhe em fogo brando por mais alguns minutos. Sirva quente.

Porção

Por xícara: calorias, 103; proteína total, 8g; proteína de soja, 8g; gordura, 2g; carboidratos, 11g; cálcio, 103mg; fibras, 2g; sódio, 366mg.

Sopa de Três Feijões

Rendimento: 8 xícaras

Esta é uma sopa nutritiva. Use sobras ou feijão em lata para preparar uma refeição rápida.

Ingredientes

1 cebola média picada
3 dentes de alho bem picados
1 pimentão verde médio picado
3 xícaras de água
1 xícara de tomates esmagados ou molho de tomate
1 xícara de soja (feijão-soja) cozida
1 xícara de feijão-preto cozido
1 xícara de feijão-vermelho cozido
1 colher (chá) de orégano
1 folha de louro
1 ½ colher (chá) de sal
⅛ de colher (chá) de pimenta-da-jamaica
⅛ de colher (chá) de chipotle

Preparo

1. Refogue a cebola, o alho e o pimentão verde no óleo apenas até ficarem macios.
2. Adicione os demais ingredientes e deixe levantar fervura. Cozinhe em fogo brando por alguns minutos e sirva.

Porção

Por xícara: calorias, 112; proteína total, 7g; proteína de soja, 3g; gordura, 1g; carboidratos, 16g; cálcio, 47mg; fibras, 4g; sódio, 587mg.

Sopa-creme de Soja e Aipo

RENDIMENTO: 5 XÍCARAS

Esta sopa delicada e cremosa é batida em vez de coada, preservando todas as fibras das hortaliças.

Ingredientes

½ xícara (125g) de cebola picada
4 xícaras (500g) de aipo picado
2 dentes de alho bem picados
½ colher (sopa) de óleo de soja ou azeite de oliva
2 xícaras de caldo ou água
1 ½ colher (chá) de sal
¼ de colher (chá) de endro
1 xícara de leite de soja

Preparo

1. Refogue a cebola, o aipo e o alho no óleo. Acrescente o caldo e cozinhe em fogo brando até ficarem macios.
2. Bata a mistura no liquidificador ou com um batedor manual até que fique cremosa. Leve de volta à panela, acrescente o sal, o endro e o leite de soja e mexa. Aqueça até quase ferver. Não ferva. Sirva a sopa quente, guarnecida com cebolinha verde picada ou um raminho de endro fresco.

Porção

Por xícara: calorias, 48; proteína total, 2g; proteína de soja, 1g; gordura, 2g; carboidratos, 5g; cálcio, 44mg; fibras, 2g; sódio, 726mg.

Louise Hagler

Sopa-creme de Soja e Batata

RENDIMENTO: 5 XÍCARAS

Experimente esta sopa cremosa para se aquecer em um dia frio de inverno.

Ingredientes

2 xícaras (500g) de batatas cortadas em cubos
1 ½ xícara (250g) de cebola picada
3 dentes de alho bem picados
½ colher (sopa) de óleo de soja ou
    azeite de oliva
2 xícaras de água de batata,
    caldo de legumes ou água
¼ de xícara (7g) de salsa fresca picada
1 colher (chá) de sal
¼ de colher (chá) de pimenta vermelha
    esmagada ou pimenta-do-reino
1 xícara de leite de soja
1 colher (chá) de azeite de oliva
    temperado com alho
Salsa fresca picada

Preparo

1. Cozinhe as batatas até ficarem macias e reserve a água do cozimento.
2. Refogue as cebolas e o alho no óleo.
3. Acrescente a água das batatas e as batatas e bata no liquidificador ou com um batedor manual.
4. Leve a sopa de volta à panela, adicione a salsa, o sal, a pimenta vermelha e o leite de soja e mexa. Aqueça até quase

ferver. Não deixe ferver completamente. Sirva guarnecida com 1 colher (chá) de azeite de oliva temperado com alho e salsa picada.

Porção

Por xícara: calorias, 133; proteína total, 3g; proteína de soja, 1g; gordura, 3g; carboidratos, 23g; cálcio, 30mg; fibras, 3g; sódio, 440mg.

Sopa de Hortaliças e Missô

Rendimento: cerca de 8 xícaras

Para preparar esta sopa você pode usar as hortaliças que tiver à mão.

Ingredientes

1 cebola média picada
2 dentes de alho bem picados
1 talo de aipo picado
1 cenoura picada
1 colher (sopa) de óleo de soja ou azeite de oliva
5 xícaras de água
1 folha de louro
1 xícara de vagem fresca ou congelada picada
1 xícara de milho fresco ou congelado
1 xícara de brócolis fresco ou congelado
1 xícara de soja cozida
2 colheres (sopa) de salsa fresca picada
¼ de xícara de missô de cevada

Preparo

1. Em uma panela para sopa refogue a cebola, o alho, o aipo e a cenoura no óleo até a cebola ficar transparente.
2. Acrescente a água, o louro, a vagem, o milho, os brócolis, a soja e a salsa. Cozinhe em fogo brando até as hortaliças ficarem macias.
3. Apague o fogo, acrescente o missô e mexa. Sirva quente com pão ou biscoitos.

Porção

Por xícara: calorias, 111; proteína total, 5g; proteína de soja, 4g; gordura, 4g; carboidratos, 13g; cálcio, 69mg; fibras, 4g; sódio, 19mg.

Salada Grega à Moda Asiática

RENDIMENTO: 6 A 8 PORÇÕES

Esta salada combina os sabores asiático, grego e do Sul da fronteira. É uma adaptação da Salada Grega em *Tofu Cookery*.

Ingredientes

¼ de xícara de azeite de oliva
2 colheres (sopa) de vinagre de vinho
2 colheres (sopa) de missô
¼ de colher (chá) de pimenta-do-reino recém-moída
2 dentes de alho
2 colheres (sopa) de manjericão fresco picado
1 colher (sopa) de orégano fresco picado
500g de tofu firme cortado em cubos de cerca de 1cm
1 pé de alface crespa
2 tomates frescos cortados em cubos
2 pepinos cortados em cubos
1 abacate cortado em cubos
½ cebola roxa pequena picada
½ xícara de azeitonas gregas ou pretas

Preparo

1. Misture o azeite de oliva, o vinagre, o missô, a pimenta-do-reino e o alho. Acrescente o manjericão e o orégano e mexa.
2. Despeje o molho sobre os cubos de tofu em uma tigela de vidro ou inox e deixe marinar por pelo menos 1 hora, ou durante a noite.

Preparo

3. Lave e seque a alface e a arrume em uma saladeira. Jogue por cima os demais ingredientes e sirva.

Porção

calorias, 219; proteína total, 6g; proteína de soja, 5g; gordura, 16g; carboidratos, 12g; cálcio, 113mg; fibras, 4g; sódio, 85mg.

Salada de Macarrão Parafuso e Tempeh

RENDIMENTO: 8 XÍCARAS

Esta salada saborosa, um ótimo prato frio principal para o verão, é muito fácil de preparar, apesar de sua longa lista de ingredientes.

Ingredientes

230g de tempeh
2 colheres (sopa) de água
1 colher (sopa) de molho de soja
1 colher (sopa) de vinagre de vinho ou balsâmico
½ colher (sopa) de óleo de soja ou azeite de oliva
1 dente de alho bem picado
¼ de colher (chá) de orégano
250g de macarrão parafuso
1 tomate médio picado
½ xícara de aipo fatiado
½ xícara de pimentão amarelo picado
⅓ de xícara de cebola picada
¼ de xícara de azeitonas pretas fatiadas
½ xícara de manjericão fresco picado ou
    2 colheres (chá) de manjericão seco
¼ de xícara de salsa fresca picada ou
    1 colher (chá) de salsa seca
3 colheres (sopa) de azeite de oliva
3 colheres (sopa) de vinagre de vinho ou
    balsâmico
1 dente de alho bem picado
½ colher (chá) de sal
¼ de colher (chá) de pimenta-do-reino recém-moída

Preparo

1. Cozinhe o tempeh no vapor por 20 minutos. Corte em pedaços de 7mm de espessura x 13mm de comprimento.
2. Misture a água, 1 colher (sopa) de molho de soja, 1 colher (sopa) de vinagre, ½ colher (sopa) de óleo, 1 dente de alho e orégano. Despeje sobre o tempeh e mexa para distribuir igualmente. Doure ambos os lados em uma frigideira antiaderente.
3. Cozinhe o macarrão em água fervente até ficar macio, lave e escorra.
4. Em uma saladeira, misture o tomate, o aipo, o pimentão, a cebola, as azeitonas, o manjericão, a salsa, 3 colheres (sopa) de azeite de oliva, 3 colheres (sopa) de vinagre, 1 dente de alho, sal e pimenta-do-reino. Acrescente o tempeh dourado e o macarrão, mexa e sirva.

Porção

Por xícara: calorias, 159; proteína total, 6g; proteína de soja, 5g; gordura, 8g; carboidratos, 14g; cálcio, 43mg; fibras, 2g; sódio, 229mg.

Salada de Macarrão Parafuso e Tofu: Substitua o tempeh por 250g de tofu firme.

Porção

Por xícara: calorias, 124; proteína total, 4g; proteína de soja, 2g; gordura, 8g; carboidratos, 9g; cálcio, 46mg; fibras, 1g; sódio, 300mg.

Salada Tailandesa de Macarrão

RENDIMENTO: 8 A 9 XÍCARAS

Para tornar esta salada picante acrescente pimenta-malagueta fresca a gosto.

Ingredientes

230g de tempeh
230g de macarrão soba ou cabelo-de-anjo
2 colheres (sopa) de água
1 colher (sopa) de suco de limão-taiti ou
   vinagre de arroz
1 colher (sopa) de molho de soja
2 colheres (chá) de raiz de gengibre ralada
⅛ de colher (sopa) de pimenta vermelha
   esmagada ou de sua pimenta picante favorita
½ colher (sopa) de óleo de soja ou
   amendoim
2 xícaras de cenoura ralada
1 xícara de aipo finamente fatiado
½ xícara de coentro picado
½ xícara de cebolinha verde picada
¼ de xícara de amendoim esmigalhado
2 colheres (sopa) de suco de limão-taiti
2 colheres (sopa) do adoçante de sua escolha
1 colher (sopa) de molho de soja
2 colheres (chá) de óleo de gergelim torrado
   ou óleo de amendoim
1 colher (chá) de raiz de gengibre ralada
1 dente de alho bem picado

Preparo

1. Cozinhe o tempeh no vapor por 20 minutos. Corte em pedaços de 7 x 13mm.
2. Cozinhe o macarrão em água fervente até ficar macio, lave e escorra.
3. Misture a água, 1 colher (sopa) de suco de limão-taiti, 1 colher (sopa) de molho de soja, 2 colheres (chá) de raiz de gergelim e a pimenta vermelha. Despeje sobre os pedaços de tempeh e distribua o molho uniformemente. Doure em uma frigideira antiaderente com ½ colher (sopa) de óleo.
4. Em uma saladeira, misture a cenoura, o aipo, o coentro, a cebolinha, o amendoim, 2 colheres (sopa) de suco de limão-taiti, o adoçante, 1 colher (sopa) de molho de soja, 2 colheres (chá) de óleo, 1 colher (chá) de raiz de gergelim e 1 dente de alho. Acrescente o tempeh dourado e o macarrão, misture e sirva.

Porção

Por xícara: calorias, 206; proteína total, 10g; proteína de soja, 5g; gordura, 6g; carboidratos, 27g; cálcio, 61mg; fibras, 3g; sódio, 279mg.

Salada Tunempeh

Rendimento: 3 xícaras (4 porções)

Pode ser servida em um sanduíche ou pão árabe, como recheio de tomate ou abacate ou sobre uma camada de alface.

Ingredientes

230g de tempeh
1 xícara de Molho Picante de Tofu para Salada (p. 102)
½ xícara de aipo cortado em cubos
¼ de xícara de cebolinha verde
2 colheres (chá) de picles
2 colheres (sopa) de salsa fresca bem picada
½ colher (chá) de sal
⅛ de colher (chá) de pimenta-do-reino recém-moída

Preparo

1. Cozinhe o tempeh no vapor por 20 minutos. Corte em cubos de 7mm.
2. Misture todos os ingredientes em uma tigela e sirva.

Porção

calorias, 153; proteína total, 13g; proteína de soja, 13g; gordura, 5g; carboidratos, 15g; cálcio, 70mg; fibras, 4g; sódio, 528mg.

Salada de Batata e Tofu sem Ovo

RENDIMENTO: CERCA DE 4 ½ XÍCARAS (4 A 6 PORÇÕES)

Este prato é muito apreciado nos piqueniques de verão.

Ingredientes

750g de batatas
½ xícara de cebolinha verde picada
½ xícara de aipo picado
¼ de xícara de salsa picada
250g de tofu suave
3 colheres (sopa) de vinagre de maçã
1 ½ colher (sopa) do adoçante de sua escolha
½ colher (chá) de sal
½ colher (chá) de pimenta-do-reino recém-moída
½ colher (chá) de açafrão-da-terra
½ xícara de picles picados (opcional)

Preparo

1. Lave e cozinhe as batatas no vapor ou na água até ficarem macias. Você pode descascá-las ou não. Corte-as em cubos.
2. Bata no liquidificador o tofu, o vinagre, o adoçante, o sal, a pimenta-do-reino e o açafrão-da-terra até ficarem cremosos.
3. Misture tudo em uma tigela, esfrie e sirva.

Porção

calorias, 178; proteína total, 5g; proteína de soja, 3g; gordura, 1g; carboidratos, 35g; cálcio, 76mg; fibras, 4g; sódio, 239mg.

Salada de Tofu sem Ovo

Rendimento: cerca de 3 xícaras (4 porções)

Esta salada muito versátil pode ser servida como recheio de sanduíche ou pão árabe, sobre uma camada de alface ou tomate ou como dip ou pasta com hortaliças, salgadinhos ou biscoitos.

Ingredientes

250g de tofu suave
3 colheres (sopa) de vinagre de maçã
1 ½ colher (sopa) do adoçante de sua escolha
1 colher (chá) de cebola em pó
1 colher (chá) de açafrão-da-terra
½ colher (chá) de sal
½ colher (chá) de alho em pó
250g de tofu firme
½ xícara de aipo picado
1 xícara de cenoura bem ralada (opcional)
½ xícara de pepino picado (opcional)
¼ de xícara de cebola picada
¼ de xícara de salsa picada

Preparo

1. Passe no liquidificador ou processador de alimentos os 250g de tofu suave, o vinagre, o adoçante, a cebola em pó, o açafrão-da-terra, o sal e o alho em pó até a mistura ficar homogênea.
2. Esmigalhe os 250g de tofu firme em uma tigela. Acrescente o aipo, a cenoura, o pepino, a cebola e a salsa. Adicione a mistura de tofu, mexa e sirva.

Porção

calorias, 108; proteína total, 7g; proteína de soja, 7g; gordura, 4g; carboidratos, 11g; cálcio, 89mg; fibras, 1g; sódio, 294.

Salada de Quatro Feijões

RENDIMENTO: 5 XÍCARAS (6 PORÇÕES)

Este é um prato frio nutritivo que pode ser servido como prato principal em um dia quente. Você pode substituir o feijão-preto ou feijão-vermelho pelo feijão que preferir ou tiver à mão.

Ingredientes

- 1 xícara de feijão-soja cozido
- 1 xícara de feijão-preto cozido
- 1 xícara de feijão-vermelho cozido
- 1 xícara de feijão-verde cozido
- ½ xícara de cebola picada
- ½ xícara de aipo picado
- 2 dentes de alho bem picados
- 2 colheres (sopa) de vinagre balsâmico
- 2 colheres (sopa) de óleo de soja ou azeite de oliva
- 2 colheres (sopa) de salsa verde picada
- ½ colher (chá) de orégano
- 1 colher (chá) de sal
- ¼ de colher (chá) de pimenta-do-reino recém-moída

Preparo

1. Misture todos os ingredientes e deixe marinar na geladeira durante a noite. Sirva a salada fria sobre uma camada de alface.

Porção

calorias, 182; proteína total, 9g; proteína de soja, 4g; gordura, 7g; carboidratos, 20g; cálcio, 72mg; fibras, 5g; sódio, 370mg.

Pratos principais

Churrasco de Tofu

RENDIMENTO: 4 A 6 PORÇÕES

Este churrasco congela bem, por isso você pode dobrar ou triplicar a receita e guardar um pouco para depois. Pode ser assado no forno ou grelhado na churrasqueira elétrica.

Ingredientes

2 xícaras de seu molho barbecue pronto favorito ou veja o Churrasco de Soja (p. 80)
500g de tofu congelado (descongelado)
Óleo de soja ou azeite de oliva para untar a assadeira

Preparo

1. Preaqueça o forno a 180°C.
2. Esprema o tofu para retirar a água e corte em 8 a 12 fatias com o formato de costela.
3. Unte com óleo uma assadeira de 23 x 33cm e arrume os pedaços de tofu deixando cerca de 1cm entre cada pedaço. Asse por uns 10 minutos, até o tofu começar a dourar. Vire os pedaços e asse por mais 10 minutos. Espalhe o molho barbecue sobre o tofu e asse por mais uns 10 minutos. Sirva com pão francês ou batatas e uma salada verde fresca.

Porção

calorias, 229; proteína total, 6g; proteína de soja, 6g; gordura, 4g; carboidratos, 41g; cálcio, 102mg; fibras, 7g; sódio, 1.619mg.

Churrasco de Tempeh

RENDIMENTO: 4 A 6 PORÇÕES

Acenda a churrasqueira ou asse no forno.

Ingredientes

230g de tempeh
1 xícara de seu molho barbecue favorito, ou
 veja o Churrasco de Soja (p. 80)

Preparo

1. Cozinhe o tempeh no vapor por 20 minutos.
2. Preaqueça o forno a 180ºC ou prepare o carvão para assar. Corte o tempeh em fatias, tiras ou pedaços de 7 x 13mm e ponha em uma assadeira. Espalhe o molho barbecue sobre o tempeh.
3. Asse por cerca de 15 minutos, ou até esquentar, ou aqueça bem na churrasqueira, regando com mais molho barbecue.

Porção

calorias, 170; proteína total, 7g; proteína de soja, 7g; gordura, 3g; carboidratos, 28g; cálcio, 45mg; fibras, 6g; sódio, 809mg.

Jerk de Tempeh ou Tofu

RENDIMENTO: 4 A 6 PORÇÕES

Jerk é um modo jamaicano de temperar a comida que geralmente envolve pimentas muito picantes, entre outros condimentos. Você pode usar um Jerk Sauce (molho jamaicano) pronto ou experimentar o molho a seguir, adaptando o grau de ardor a seu próprio gosto. A pimenta scotch bonnet, usada na Jamaica, é extremamente picante na escala de ardor. Um pouco de jalapeño funciona bem para pessoas que não agüentam pimentas muito fortes, como eu.

Ingredientes

¼ de xícara de suco de maçã ou papaia
3 colheres (sopa) de cebola ralada
3 dentes de alho bem picado
2 colheres (sopa) de molho de soja
2 colheres (sopa) de sua pimenta picante favorita fresca e bem picada
2 colheres (sopa) de vinagre
1 colher (sopa) de óleo
1 colher (sopa) de raiz de gengibre ralada
1 ½ colher (chá) de pimenta-da-jamaica
½ colher (chá) de canela
½ colher (chá) de pimenta-do-reino recém-picada
½ colher (chá) de tomilho
¼ de colher (chá) de noz-moscada
½ xícara de cebolinha verde picada
500g de tempeh cozido no vapor ou tofu congelado, descongelado e espremido para retirar a água

Preparo

1. Misture todos os ingredientes, exceto a cebolinha verde e o tempeh.
2. Corte o tempeh ou tofu em cubos de 2,60cm ou tiras de 1,30cm e ponha uma camada no fundo de uma assadeira de vidro. Despeje a mistura por cima. Comprima o molho sobre o tofu com uma espátula ou com a palma da mão. Deixe marinar por algumas horas ou durante a noite.
3. Preaqueça o forno à temperatura para grelhar, prepare o carvão na churrasqueira ou esquente uma grelha de ferro.
4. Grelhe por cerca de 5 minutos, vire os pedaços e grelhe por mais 5 minutos. Se você estiver usando uma churrasqueira ou assadeira untada, doure dos dois lados. Sirva quente, guarnecido com cebolinha verde picada.

Porção

(com tempeh): calorias, 222; proteína total, 18g; proteína de soja, 18g; gordura, 9g; carboidratos, 19g; cálcio, 98mg; fibras, 5g; sódio, 409mg.

(com tofu): calorias, 110; proteína total, 7g; proteína de soja, 7g; gordura, 7g; carboidratos, 5g; cálcio, 109mg; fibras, 1g; sódio, 410mg.

Kebabs de Tempeh Agridoces

RENDIMENTO: 8 KEBABS

Prepare esses kebabs coloridos e picantes no forno ou na churrasqueira. Esta receita é mostrada na capa. Experimente misturar tempeh e tofu congelado.

Ingredientes

230g de tempeh cozido no vapor
1 pimentão verde
1 pimentão vermelho
1 cebola média
1 abobrinha
2 maçãs ou carambolas

Para a marinada:
1 ½ xícara de suco de maçã
6 colheres (sopa) de vinagre de maçã
¼ de xícara de mel
2 colheres (sopa) de molho de soja
2 colheres (sopa) de raiz de gengibre ralada
4 dentes de alho bem picados
2 colheres (sopa) de maisena ou araruta

Preparo

1. Corte o tempeh e as hortaliças em pedaços de 2cm. Corte as frutas em pedaços grossos. Em uma assadeira de vidro ou inox, espalhe uma camada fina de tudo.
2. Bata os ingredientes da marinada. *Método do microondas*: Em uma tigela de vidro, ponha a marinada no microondas em temperatura alta, por 6 minutos, parando para bater a cada 2 minutos. *Método do fogão*: Em uma caçarola, es-

quente a marinada em fogo médio, mexendo constantemente, até ferver e começar a engrossar. Diminua o fogo e cozinhe em fogo brando por 2 a 3 minutos.
3. Despeje a marinada sobre as hortaliças. Leve à geladeira por algumas horas ou durante a noite.
4. Preaqueça a churrasqueira ou o forno a 200° C.
5. Ponha o tempeh e as hortaliças em espetos e depois em uma assadeira ou na churrasqueira. Regue com a marinada e asse ou grelhe por 15 a 20 minutos de cada lado, ou até dourar. Sirva os kebabs sobre uma camada de arroz integral, macarrão ou painço. Esquente o molho restante e despeje por cima dos kebabs.

Porção

calorias, 163; proteína total, 7g; proteína de soja, 6g; gordura, 2g; carboidratos, 22g; cálcio, 48mg; fibras, 4g; sódio, 258mg.

Kebabs de Tofu Agridoces: em vez do tempeh, use 250g de tofu, descongelado e espremido para retirar a água.

Porção

calorias, 124; proteína total, 3g; proteína de soja, 2g; gordura, 1g; carboidratos, 25g; cálcio, 29mg; fibras, 2g; sódio, 265mg.

Enchiladas

RENDIMENTO: 4 A 6 PORÇÕES

Se você tiver sobras ou quiser cozinhar para uso posterior, esta é uma receita rápida e fácil que congela bem.

Ingredientes

1 receita de Recheio de Taco ou Burrito (p. 139)

Para o molho de chili:
1 cebola média picada
1 pimentão verde médio picado
2 dentes de alho bem picados
½ colher (sopa) de óleo ou 2 colheres (sopa) de água
6 colheres (sopa) de farinha de trigo refinada sem branqueamento químico
1 a 2 colheres (sopa) de chili em pó, ou a quantidade que preferir
¼ de colher (chá) de chipotle
½ colher (chá) de sal
3 xícaras de água
8 tortillas de milho de 13cm
½ xícara de coentro fresco picado

Preparo

1. *Molho de Chili – Método do microondas*: Coloque no microondas a cebola, o pimentão verde e o alho, no óleo ou na água, por 1 minuto. Em uma tigela para microondas de 2L, bata a farinha, o chili em pó, o chipotle e o sal. Acrescente a água e bata até a mistura ficar homogênea. Leve ao microondas em temperatura alta por 6 minutos. Bata novamente, leve ao microondas por mais 2 minutos e volte a bater. *Método do fogão*: Refogue a cebola, o pimentão verde e o alho no óleo até a

cebola ficar transparente. Misture a farinha, o chili em pó, o chipotle e o sal, adicione às hortaliças refogadas e mexa. Acrescente a água, bata e cozinhe em fogo brando até engrossar. Continue a mexer com o batedor para não encaroçar.

2. Despeje cerca de ⅓ do Molho de Chili em uma assadeira de vidro de 18 x 28cm. Embeba cada tortilla no Molho de Chili, coloque em um prato e recheie com cerca de ⅓ de xícara do Recheio de Taco ou Burrito. Enrole cada uma e arrume na assadeira. Despeje o resto do Molho de Chili sobre as tortillas e jogue por cima o coentro. Leve ao microondas por cerca de 5 minutos ou asse no forno a 180°C por cerca de 25 minutos, até esquentar bem.

Porção

calorias, 252; proteína total, 13g; proteína de soja, 9g; gordura, 6g; carboidratos, 36g; cálcio, 143mg; fibras, 4g; sódio, 624mg.

Pastrami de Yuba

RENDIMENTO: CERCA DE 5 XÍCARAS (6 A 8 PORÇÕES)

Experimente este recheio picante em sanduíches ou bagels torrados.

Ingredientes

- 170g de bastões de tofu secos (yuba)
- ¾ de xícara de cebola bem picada
- 2 dentes de alho bem picados
- 1 colher (sopa) de azeite de oliva
- 2 colheres (sopa) de vinagre de vinho tinto
- 2 colheres (sopa) de molho de soja
- 2 colheres (chá) de raiz de gengibre ralada
- 2 colheres (chá) de páprica
- ¼ de xícara (chá) de cravos-da-índia ou pimenta-da-jamaica
- 3 colheres (sopa) de fermento nutricional
- 1 colher (chá) de pimenta-do-reino recém-moída

Preparo

1. Quebre os bastões de tofu em pedaços de 5 a 8cm. Coloque-os de molho em água quente por cerca de 1 hora, até amolecerem, ou ferva por cerca de 20 minutos.
2. Refogue a cebola e o alho no azeite de oliva até ficarem macios. Acrescente os bastões de tofu (yuba), o vinagre, o molho de soja, a raiz de gengibre, a páprica e os cravos-da-índia. Cozinhe em fogo brando até todo o líquido evaporar e depois acrescente o fermento nutricional e a pimenta-do-reino.

Porção

calorias, 149; proteína total, 12g; proteína de soja, 11g; gordura, 7g; carboidratos, 8g; cálcio, 61mg; fibras, 0g; sódio, 305mg.

Empadão

RENDIMENTO: 8 A 10 PORÇÕES

Saindo do forno fumegante, este é um dos pratos de inverno preferidos em nossa casa. Eu congelo as sobras, embaladas em porções individuais prontas, para serem aquecidas para uma refeição rápida.

Ingredientes

1 colher (sopa) de molho de soja
⅞ de xícara de água fervente
60g de proteína vegetal texturizada em cubos
½ receita de Molho Country Cremoso (p. 50)
1 ½ xícara (250g) de batatas cortadas em cubos
1 ½ xícara (250g) de cenouras cortadas em cubos
½ xícara de água
½ cebola grande (1 xícara) picada
2 dentes de alho bem picados
1 xícara de ervilhas verdes frescas ou congeladas
1 receita de Biscoitos Rápidos de Soja (p. 52)

Preparo

1. Misture o molho de soja com a água fervente, despeje sobre a proteína vegetal texturizada e deixe descansar por cerca de 10 minutos.
2. Prepare o Molho Country Cremoso.
3. *Método do microondas*: Cozinhe as batatas e as cenouras em ½ xícara de água em temperatura alta por 4 minutos. Acrescente a cebola e o alho. Leve de volta ao microondas em temperatura alta por mais 3 minutos. *Método do fogão*: Cozinhe no vapor ou refogue as batatas, as cenouras, a cebola e o alho apenas até amaciarem.

Preparo

4. Preaqueça o forno a 200°C.
5. Misture as hortaliças cozidas, a água de seu cozimento, a proteína vegetal texturizada, o molho e as ervilhas verdes. Despeje em uma travessa de forno de 2L.
6. Prepare os Biscoitos Rápidos de Soja, abra a massa uniformemente e cubra a travessa.
7. Asse por cerca de 30 minutos ou até a massa dourar.

Porção

calorias, 202; proteína total, 10g; proteína de soja, 7g; gordura, 6g; carboidratos, 26g; cálcio, 71mg; fibras, 4g; sódio, 198mg.

Variações: Substitua a proteína vegetal texturizada por 250g de tempeh cozido no vapor e cortado em cubos, 250g de tofu fresco cortado em cubos ou 250g de tofu descongelado, espremido para tirar a água e cortado em cubos.

Porção

(com tempeh): calorias, 230; proteína total, 11g; proteína de soja, 8g; gordura, 8g; carboidratos, 28g; cálcio, 77mg; fibras, 5g; sódio, 198mg.

(com tofu): calorias, 199; proteína total, 8g; proteína de soja, 5g; gordura, 8g; carboidratos, 25g; cálcio, 80mg; fibras, 4g; sódio, 198mg.

Tempeh ao Curry

Rendimento: 3 ½ xícaras (4 a 6 porções)

Ingredientes

230g de tempeh
1 cebola média picada
2 dentes de alho bem picados
1 colher (sopa) de óleo
1-2 colheres (sopa) de curry em pó, ou
 a quantidade que preferir
1 colher (sopa) de óleo
2 colheres (sopa) de farinha de trigo refinada
 sem branqueamento químico ou
 farinha integral fina
3 xícaras de leite de soja
1 colher (sopa) de molho de soja
⅛ de colher (chá) de pimenta-do-reino
 recém-moída
½ xícara de coentro picado

Preparo

1. Cozinhe o tempeh no vapor por 20 minutos. Corte em pedaços de 13 x 7mm.
2. Refogue a cebola e o alho em 1 colher (sopa) de óleo, em fogo baixo, até amaciarem. Acrescente o curry em pó e o tempeh e cozinhe em fogo brando por mais alguns minutos.
3. Em outra panela, esquente 1 colher (sopa) de óleo e a farinha. Deixe que espumem e cozinhem até a farinha começar a dourar. Acrescente o leite de soja, mexa bem e espere en-

grossar. Adicione a mistura de tempeh e cebola, o molho de soja, a pimenta-do-reino e o coentro. Sirva quente sobre arroz ou painço.

Porção

calorias, 211; proteína total, 14g; proteína de soja, 13g; gordura, 10g; carboidratos, 15g; cálcio, 66mg; fibras, 5g; sódio, 223mg.

Tofu ao Curry: Substitua o tempeh por 250g de tofu firme ou descongelado e espremido para retirar a água. Corte em pedaços de 13 x 7mm.

Porção

calorias, 155; proteína total, 8g; proteína de soja, 8g; gordura, 10g; carboidratos, 8g; cálcio, 71mg; fibras, 3g; sódio, 223mg.

Chili Rápido

RENDIMENTO: 4 XÍCARAS

Prepare este chili com proteína vegetal texturizada ou tofu congelado. Realmente rápido e fácil de fazer, é ótimo para servir para quem ainda não está acostumado com a proteína vegetariana.

Ingredientes

2 xícaras de água
2 xícaras de feijão-rajado cozido ou
    450g de feijão-rajado enlatado
½ xícara de proteína vegetal texturizada granulada ou
    250g de tofu descongelado e espremido para retirar
    a água e despedaçado ou cortado em cubos
400g de tomate em cubos enlatado ou molho de tomate
½ xícara de pimentão verde picado
1 cebola pequena picada ou 1 colher (sopa)
    de cebola em pó
1 dente de alho esmagado ou 1 colher (chá)
    de alho em pó
1 colher (sopa) de chili em pó
½ colher (chá) de sal
½ xícara de coentro fresco picado (opcional)

Preparo

1. Misture tudo em uma caçarola e esquente até ferver. Depois cozinhe em fogo brando por cerca de 10 minutos e sirva.

Porção

Por xícara: calorias, 177; proteína total, 12g; proteína de soja, 5g; gordura, 0g; carboidratos, 31g; cálcio, 91mg; fibras, 7g; sódio, 280mg.

Recheio de Taco ou Burrito

RENDIMENTO: 3 XÍCARAS

Este também é um recheio saboroso para Enchiladas (p. 131).

Ingredientes

1 xícara de água fervente
2 colheres (sopa) de molho de soja
1 colher (sopa) de chili em pó
½ colher (chá) de orégano
1 xícara de proteína vegetal texturizada granulada
½ xícara de cebola bem picada
½ xícara de pimentão verde bem picado
1 dente de alho bem picado
Pimenta jalapeño a gosto bem picada (opcional)
1 colher (chá) de azeite de oliva

Preparo

1. Misture a água fervente, o molho de soja, o chili em pó e o orégano. Despeje sobre a proteína vegetal texturizada. Cubra e deixe descansar por cerca de 10 minutos.
2. Refogue ligeiramente a cebola, o pimentão verde, o alho e a pimenta jalapeño no azeite de oliva. Acrescente a mistura de proteína vegetal texturizada e continue cozinhando até dourar. Sirva quente em tacos ou burritos com todos os acompanhamentos.

Porção

Por ½ xícara: calorias, 74; proteína total, 7g; proteína de soja, 7g; gordura, 2g; carboidratos, 6g; cálcio, 39mg; fibras, 2g; sódio, 339mg.

Variação: Acrescente 1 ½ xícara de feijão-rajado cozido (450g de feijão-rajado enlatado escorrido) e ponha em fogo brando até esquentar.

Porção

Por ½ xícara: calorias, 133; proteína total, 10g; proteína de soja, 7g; gordura, 2g; carboidratos, 17g; cálcio, 60mg; fibras, 4g; sódio, 340mg.

Almôndegas de Proteína de Soja

RENDIMENTO: 16 ALMÔNDEGAS (4 A 6 PORÇÕES)

Esta receita é adaptada de *Lighten Up! – with Louise Hagler*. Sirva com sua massa favorita e molho marinara.

Ingredientes

1 xícara de proteína vegetal texturizada granulada
⅞ de xícara de água fervente
¼ de xícara de farinha de trigo refinada
   sem branqueamento químico
1 cebola pequena cortada em cubos ou
   1 colher (sopa) de cebola em pó
1 dente de alho bem picado ou
   ½ colher (chá) de alho em pó
½ colher (chá) de sal
½ colher (chá) de orégano
¼ de colher (chá) de manjericão
1 pitada de pimenta-do-reino recém-moída
1 colher (sopa) de azeite de oliva

Preparo

1. Preaqueça o forno a 180º C.
2. Despeje a água fervente sobre a proteína vegetal texturizada. Deixe descansar por cerca de 10 minutos e depois afofe em uma tigela. Acrescente os demais ingredientes, exceto o azeite de oliva, e misture bem. Forme 16 almôndegas.
3. Arrume as almôndegas em uma assadeira untada com o azeite de oliva. Asse por 30 minutos, virando-as a cada 10 minutos até ficarem levemente douradas.

Porção

Por almôndega: calorias, 27; proteína total, 3g; proteína de soja, 3g; gordura, 0g; carboidratos, 3g; cálcio, 18mg; fibras, 1g; sódio, 68mg.

Tamales*

RENDIMENTO: CERCA DE 24 TAMALES

Peça massa fresca para tamales em lojas especializadas ou a substitua por farinha de milho. Acrescentar okara aumenta o teor de proteína e fibra dos tamales. Sua preparação pode se tornar um evento social. Várias famílias podem fazer juntas uma quantidade suficiente para todos se banquetearem e levarem um pouco para congelar em casa.

Ingredientes

250g de folhas de milho secas
 (palha de milho)

Para o recheio de tofu:
2 dentes de alho bem picados
1 cebola média picada
½ chili poblano ou pimentão verde picado
2 colheres (chá) de óleo de soja
500g de tofu comum esmigalhado
1 colher (sopa) de chili em pó
1 ½ colher (chá) de sal
1 xícara de coentro fresco picado

Para a massa:
1kg de massa fresca
2 xícaras de okara (opcional)
¼ de xícara de óleo de soja (opcional)
2 colheres (chá) de sal ou a quantidade
 que preferir

---

*Prato mexicano que lembra a pamonha. (*N. da T.*)

Preparo

1. Ponha as folhas de milho secas de molho em água por cerca de 1 hora, para amaciarem. Separe-as, reservando as maiores para embrulhar os tamales e pondo as menores no fundo de uma panela de 8L para funcionarem como uma grade para cozinhar no vapor. Acrescente o equivalente a 2,5 a 7,5cm de água à panela.
2. *Recheio de tofu*: Refogue o alho, a cebola e o chili poblano no óleo até ficarem macios. Adicione o tofu, o chili em pó, o sal e o coentro, e mexa.
3. Misture a massa, o okara, o óleo e o sal com água suficiente para fazer uma massa macia e fácil de trabalhar.
4. Para montar os tamales, forme uma bola com cerca de ¼ de xícara da massa. Achate-a, dando-lhe a forma de uma tortilla de cerca de 7,5cm de circunferência por 3mm de espessura. Ponha 1 a 2 colheres (sopa) de recheio no meio, dobre a massa por cima e feche para formar um tamale. Ponha o tamale na extremidade larga de uma folha de milho e enrole. Dobre sob a extremidade vazia da folha para prender. Empilhe os tamales frouxamente na panela para permitir que o vapor circule por eles. Cozinhe em fogo brando por 1 hora.

Variação: Experimente o Recheio de Taco ou Burrito (p. 139) nos tamales.

Porção

Por tamale: calorias, 52; proteína total, 2g; proteína de soja, 1g; gordura, 1g; carboidratos, 8g; cálcio, 26mg; fibras, 2g; sódio, 315mg.

Suflê de Soja

RENDIMENTO: 3 A 4 PORÇÕES

Era um prato principal que servíamos com bastante freqüência nos primeiros dias da Farm, fazendo o máximo de variações possíveis de acordo com a estação do ano. Nutritivo e fácil de preparar, fica fofo, mas murcha muito rápido! Este é o suflê básico, uma receita adaptada de *The New Farm Vegetarian Cookbook*.

Ingredientes

1 xícara de farinha de soja
¼ de xícara de fermento nutricional
½ colher (chá) de alho em pó
2 colheres (chá) de cebola em pó
¼ de colher (chá) de açafrão-da-terra
¼ de colher (chá) de sal
1 ½ xícara de leite de soja
1 colher (sopa) de molho de mostarda para salada

Preparo

1. Preaqueça o forno a 180°C.
2. Misture todos os ingredientes secos. Acrescente o leite de soja e a mostarda, bata e despeje em uma forma para pão ou suflê. Asse por 45 minutos ou até dourar.

Porção

calorias, 212; proteína total, 18g; proteína de soja, 15g; gordura, 9g; carboidratos, 15g; cálcio, 82mg; fibras, 5g; sódio, 296mg.

Hambúrgueres de Proteína de Soja e Tofu

RENDIMENTO: 6 HAMBÚRGUERES

Este hambúrger é muito suculento.

Ingredientes

¾ de xícara de água fervente
2 colheres (sopa) de molho de soja
1 xícara de proteína vegetal texturizada granulada
¼ de xícara de cebola picada
¼ de xícara de pimentão verde picado
1 dente de alho bem picado
250g de tofu firme esmagado
¼ de xícara de ketchup
1 colher (sopa) de mostarda de Dijon
¼ de colher (chá) de pimenta-do-reino recém-moída
½ xícara de farinha de trigo integral
1 colher (sopa) de azeite de oliva

Preparo

1. Misture a água fervente e o molho de soja. Despeje sobre a proteína vegetal texturizada, cubra e deixe descansar por cerca de 10 minutos.
2. Misture a cebola, o pimentão verde e o alho em uma tigela, cubra e leve ao microondas em temperatura alta por 1 minuto.
3. Misture todos os ingredientes e forme 6 hambúrgueres. Unte uma grelha antiaderente com o azeite de oliva e doure os hambúrgueres dos dois lados. Deixe-os esfriar por alguns

minutos antes de servir para que fiquem firmes. Sirva sobre pãezinhos torrados com todos os acompanhamentos.

Porção

Por hambúrguer: calorias, 147; proteína total, 11g; proteína de soja, 10g; gordura, 4g; carboidratos, 15g; cálcio, 81mg; fibras, 3g; sódio, 516mg.

Suflê de Batata e Tofu

RENDIMENTO: 6 XÍCARAS

Sirva essas batatas saborosas e macias como prato principal ou acompanhamento.

Ingredientes

1kg de batata russet (ou Idaho = variedade de batata com polpa mais seca)
1 cebola grande picada
6 dentes de alho bem picados
1 colher (sopa) de azeite de oliva
300g de tofu suave
2 colheres (sopa) de salsa fresca picada
1 colher (chá) de sal
¼ de colher (chá) de pimenta-do-reino recém-moída

Preparo

1. Cozinhe as batatas no vapor até ficarem macias e descasque-as.
2. Salteie as cebolas e o alho no azeite de oliva até ficarem transparentes.
3. Preaqueça o forno a 180°C.
4. Passe as batatas descascadas e o tofu no processador de alimentos ou bata até ficarem homogêneos. Acrescente os demais ingredientes e transfira para uma travessa de forno de 2L ou forma para pão untada. Asse por 30 a 40 minutos até dourar em cima.

Porção

Por xícara: calorias, 102; proteína total, 4g; proteína de soja, 3g; gordura, 4g; carboidratos, 13g; cálcio, 32mg; fibras, 2g; sódio, 377mg.

Tofu Grelhado com Amêndoa

Rendimento: 4 a 6 porções

Esse tofu delicioso com sabor de amêndoa pode ser servido como antepasto, prato principal e em sanduíches, no lanche.

Ingredientes

750g de tofu descongelado e espremido para retirar a água
¼ de xícara de água
2 colheres (sopa) de manteiga de amêndoa
2 colheres (sopa) de molho de soja
2 colheres (sopa) de vinagre de vinho ou balsâmico
1 dente de alho bem picado ou ½ colher (chá) de alho em pó

Preparo

1. Corte o tofu pronto em pedaços de 7mm x 13mm x 5cm. Espalhe os pedaços em uma panela.
2. Bata no liquidificador a água, a manteiga de amêndoa, o molho de soja, o vinagre, a cebola e o alho. Despeje o molho de maneira uniforme sobre o tofu. Aperte delicadamente o tofu para que absorva bem o molho.
3. *Método do microondas*: Preaqueça o forno a 180°C. Espalhe os pedaços de tofu em uma superfície levemente untada e asse por cerca de 10 minutos. Vire e asse do outro lado por cerca de 10 minutos, até dourar. *Método do fogão*: Doure os pedaços de tofu em uma superfície ou grelha antiaderente levemente untada.

Porção

calorias, 148; proteína total, 11g; proteína de soja, 10g; gordura, 9g; carboidratos, 4g; cálcio, 162mg; fibras, 1g; sódio, 413mg.

Tofu ao Forno

RENDIMENTO: 4 A 6 PORÇÕES

Prato básico, fácil e rápido, é um dos favoritos de nossos filhos, delicioso quente ou frio. Sirva com grãos e hortaliças cozidas no vapor ou em um sanduíche com todos os acompanhamentos.

Ingredientes

500g de tofu firme
6 colheres (sopa) de farinha de trigo refinada sem branqueamento químico ou farinha de trigo integral
3 colheres (sopa) de fermento nutricional
2 colheres (sopa) de cebola em pó
1 colher (chá) de alho em pó
½ colher (chá) de tempero para aves
¼ de colher (chá) de pimenta-do-reino recém-moída
1 colher (sopa) de molho de soja
1 colher (sopa) de óleo

Preparo

1. Preaqueça o forno a 200°C.
2. Corte o tofu em fatias de 3 a 7mm de espessura.
3. Misture todos os ingredientes secos.
4. Mergulhe o tofu no molho de soja e depois passe na mistura de farinha. Arrume em uma grelha untada e asse por 10 minutos até dourar em cima. Vire e asse por mais 5 minutos até dourar do outro lado.

Tofu ao Forno com Chipotle: Substitua o tempero para aves e a pimenta-do-reino por ¼ de colher (chá) de chili chipotle moído.

Porção

calorias, 140; proteína total, 9g; proteína de soja, 7g; gordura, 6g; carboidratos, 10g; cálcio, 121mg; fibras, 1g; sódio, 214mg.

Tofu ou Tempeh com Gengibre e Limão

Rendimento: 8 fatias (4 porções)

Aprecie o sabor de gengibre e raspas de limão.

Ingredientes

2 colheres (sopa) de suco de limão fresco
½ colher (sopa) de raspas de limão orgânico
2 colheres (sopa) de molho de soja
1 colher (sopa) de cebola ralada
1 dente de alho esmagado
½ colher (sopa) de raiz de gengibre fresca ralada
500g de tofu firme cortado em 8 fatias
2 colheres (chá) de sementes de gergelim

Preparo

1. Misture o suco e as raspas de limão, o molho de soja, a cebola, o alho e a raiz de gengibre. Arrume as fatias de tofu em uma assadeira de vidro ou inox. Despeje a mistura de limão sobre o tofu e marine por 2 a 24 horas.
2. *Método da grelha*: Preaqueça a grelha. Jogue as sementes de gergelim por cima da fatias de tofu e grelhe por 4 a 5 minutos até dourarem. *Método do fogão*: Doure as fatias de tofu dos dois lados em uma pequena quantidade de óleo de soja ou azeite de oliva. Jogue as sementes de gergelim por cima e sirva.

Porção

calorias, 116; proteína total, 9g; proteína de soja, 9g; gordura, 7g; carboidratos, 4g; cálcio, 124mg; fibras, 1g; sódio, 511mg.

Variação: Substitua o tofu por 500g de tempeh cozido no vapor por 20 minutos e cortado em fatias de 3mm.

Porção

calorias, 256; proteína total, 23g; proteína de soja, 23g; gordura, 10g; carboidratos, 21g; cálcio, 110mg; fibras, 6g; sódio, 510mg.

Nuggets com Mostarda e Mel

Rendimento: 4 porções

Sirva esses nuggets picantes com uma salada de repolho ou outra hortaliça.

Ingredientes

500g de tofu congelado, descongelado e espremido para retirar a água
¼ de xícara de água
¼ de xícara de mel
¼ de xícara de mostarda picante ou de Dijon
2 colheres (sopa) de molho de soja ou tamari
1 colher (sopa) de suco de limão
1 colher (sopa) de cebola em pó
1 colher (chá) de alho em pó ou
 1 dente de alho bem picado

Preparo

1. Preaqueça o forno a 180°C.
2. Corte o tofu em pedaços de 2,60 x 2,60 x 1,30cm e coloque-os em uma tigela ou assadeira rasa.
3. Com um batedor, ou no processador de alimentos ou liquidificador, misture a água, o mel, a mostarda, o molho de soja, o suco de limão, a cebola em pó e o alho. Despeje a mistura sobre os pedaços de tofu e aperte-os delicadamente com a palma da mão até ser igualmente distribuída e absorvida.
4. Espalhe os pedaços de tofu em uma assadeira untada e asse por cerca de 10 minutos ou até começarem a dourar embaixo. Vire-os e asse por mais 5 a 10 minutos. Sirva quente.

Porção — calorias, 182; proteína total, 9g; proteína de soja, 9g; gordura, 8g; carboidratos, 19g; cálcio, 122mg; fibras, 0g; sódio, 932mg.

Sloppy Joe

Rendimento: 3 xícaras (6 porções)

Eis uma refeição rápida que as crianças adoram.

Ingredientes

1 dente de alho bem picado
1 cebola média picada
1 pimentão verde picado
1 colher (chá) de óleo de soja ou azeite de oliva
2 ½ xícaras de molho de tomate
1 colher de pó de chili em pó
½ colher (chá) de orégano
½ colher (chá) de manjericão
½ colher (chá) de sal
¼ de colher (chá) de pimenta-do-reino recém-moída
500g de tofu descongelado e espremido para retirar a água e esmigalhado

Preparo

1. Refogue o alho, a cebola e o pimentão no óleo. Acrescente o molho de tomate, o chili em pó, o orégano, o manjericão, o sal, a pimenta-do-reino e o tofu. Esquente até o ponto de fervura. Sirva como um sanduíche sobre pães de hambúrguer.

Porção

calorias, 108; proteína total, 6g; proteína de soja, 5g; gordura, 4g; carboidratos, 10g; cálcio, 103mg; fibras, 4g; sódio, 801mg.

Variação: Substitua o tofu congelado por 1 xícara de proteína vegetal texturizada granulada posta de molho em ⅞ de xícara de água fervente por 10 minutos.

Porção *calorias, 94; proteína total, 8g; proteína de soja, 7g; gordura, 1g; carboidratos, 13g; cálcio, 57mg; fibras, 5g; sódio, 799mg.*

Soba com Tofu e Amendoim

RENDIMENTO: 4 PORÇÕES

Sirva esse prato rápido, fácil e picante com uma salada verde fresca.

Ingredientes

Para a marinada:
1 colher (sopa) de vinagre balsâmico
2 colheres (sopa) de molho de soja
2 colheres (chá) de seu chili picante
   favorito picado
1 colher (chá) de óleo de gergelim torrado
1 colher (sopa) de raiz de gengibre
   fresca ralada
1 dente de alho bem picado
500g de tofu firme cortado em
   pedaços de 2,60 x 1,90 x 1,30cm
500g de macarrão soba
½ xícara de coentro fresco picado
¼ de xícara de amendoim seco torrado
2 colheres (sopa) de cebolinha picada

Preparo

1. Misture o vinagre, o molho de soja, o chili, o óleo de gergelim, o gengibre e o alho. Despeje a mistura sobre os pedaços de tofu para marinar.
2. Cozinhe o soba até ficar macio. Lave em água quente e escorra.
3. Enquanto o soba estiver cozinhando, doure os pedaços de tofu em uma grelha antiaderente, reservando a marinada.

Misture o soba e o tofu dourado com o coentro, o amendoim, a cebolinha e o restante da marinada. Sirva quente ou frio.

Porção

calorias, 191; proteína total, 10g; proteína de soja, 5g; gordura, 7g; carboidratos, 19g; cálcio, 81mg; fibras, 4g; sódio, 512mg.

Tofu à Moda Tailandesa com Molho de Amendoim

RENDIMENTO: 4 A 6 PORÇÕES

Este é um de meus favoritos entre os pratos principais picantes de tofu. Sirva com arroz integral ou macarrão e uma salada fresca.

Ingredientes

500g de tofu descongelado e espremido para retirar a água
4 dentes de alho
1 pedaço quadrado de 5cm de raiz de gengibre fresca
¼ de xícara de amendoim
1 xícara (60g) de folhas de coentro não-comprimidas na xícara
¼ de xícara de manteiga de amendoim
¼ de xícara de molho de soja
¼ de xícara de água
3 colheres (sopa) de vinagre de arroz
3 colheres (sopa) de mel
½ colher (chá) de pimenta vermelha em flocos
2 cebolinhas picadas

Preparo

1. Preaqueça o forno a 180°C.
2. Corte o tofu em fatias de 7mm de espessura.
3. Pique no processador de alimentos o alho, o gengibre, o amendoim e o coentro. Acrescente a manteiga de amendoim, o molho de soja, o vinagre, o mel e os flocos de pimenta. Bata até ficarem homogêneos.

Preparo

4. Despeje metade do molho em uma assadeira de 18 x 28cm. Cubra com as fatias de tofu e despeje o resto do molho de amendoim por cima. Pressione cada fatia para que absorva o molho. Asse por 15 a 20 minutos ou até as fatias começarem a dourar. Jogue cebolinha verde por cima e sirva quente com arroz.

Porção

calorias, 243; proteína total, 12g; proteína de soja, 8g; gordura, 12g; carboidratos, 19g; cálcio, 130mg; fibras, 2g; sódio, 818mg.

Pão de Tofu

Rendimento: 6 a 8 porções

Sirva esse pão quente com Molho Country Cremoso (p. 50) e purê de batata. Experimente fatiar as sobras para fazer sanduíches.

Ingredientes

750g de tofu firme amassado
½ xícara de germe de trigo
½ xícara de salsa fresca picada
¼ de xícara de cebola bem picada
2 colheres (sopa) de molho de soja
½ colher (sopa) de mostarda de Dijon
¼ de colher (chá) de pimenta-do-reino recém-moída

Preparo

1. Preaqueça o forno a 180°C.
2. Misture todos os ingredientes e pressione uniformemente em uma forma para pão untada. Asse por cerca de 50 minutos e deixe esfriar por 10 a 15 minutos antes de desenformar.

Hambúrgueres de Tofu: Forme com a mistura 6 a 8 hambúrgueres. Unte uma grelha antiaderente e os doure dos dois lados. Deixe-os esfriar por alguns minutos para que fiquem firmes. Sirva sobre pãezinhos torrados com todos os acompanhamentos.

Porção

calorias, 114; proteína total, 10g; proteína de soja, 7g; gordura, 5g; carboidratos, 6g; cálcio, 111mg; fibras, 2g; sódio, 326mg.

Almôndegas de Tofu e Espinafre

RENDIMENTO: 48 ALMÔNDEGAS DE 2,60CM

Essas almôndegas saborosas são um complemento bem-vindo e colorido para massas e molho marinara. Experimente substituir o espinafre por brotos de couve. Esta receita foi adaptada de uma receita que me foi dada por Jo Anne Abercrombie.

Ingredientes

2 dentes de alho
½ cebola grande
¼ de xícara de nozes torradas e picadas
500g de espinafre congelado, descongelado e escorrido
500g de tofu firme
4 xícaras de farinha de rosca integral
1 colher (sopa) de molho de soja
1 colher (chá) de sálvia ou alecrim

Preparo

1. Preaqueça o forno a 180°C.
2. Pique bem o alho e a cebola no processador de alimentos, ou à mão, e reserve em uma tigela. Pique as nozes e o espinafre e os acrescente à tigela. Bata o tofu até ficar cremoso e ponha-o na tigela. Adicione a farinha de rosca, o molho de soja e a sálvia. Misture.
3. Faça com a mistura 48 almôndegas de 2,60cm e arrume-as em duas grelhas untadas. Asse por 25 a 30 minutos ou até dourarem. Você pode virar as almôndegas a cada 10 minutos para que dourem de vários lados.

Porção

Por 2 almôndegas: calorias, 50; proteína total, 3g; proteína de soja, 1g; gordura, 1g; carboidratos, 5g; cálcio, 60mg; fibras, 1g; sódio, 98mg.

Recheio para Massas de Tofu e Espinafre

RENDIMENTO: 5 A 6 XÍCARAS (12 PORÇÕES)

Use esta receita para fazer lasanha, conchas recheadas ou manicotti. Procure massa de soja ou ponha este saboroso recheio em 12 Crepes de Soja (p. 53).

Ingredientes

500g de massa
600g de espinafre congelado
1 cebola grande picada
1 pimentão verde picado
4 dentes de alho bem picados
1 colher (sopa) de azeite de oliva
1kg de tofu
6 colheres (sopa) de suco de
    limão fresco
1 colher (chá) de sal
60g de manjericão fresco picado
4 xícaras de molho marinara ou
    molho de macarrão

Preparo

1. Preaqueça o forno a 180°C.
2. Cozinhe a massa segundo as instruções da embalagem ou prepare 12 Crepes de Soja (p. 53).
3. Descongele, escorra e pique o espinafre. Refogue a cebola, o pimentão verde e o alho no azeite de oliva.
4. Passe o tofu, o suco de limão e o sal pelo processador de alimentos. Acrescente o espinafre picado, as hortaliças refogadas e o manjericão.

Porção Preparo

5. Recheie a massa cozida ou os Crepes de Soja e asse com seu molho marinara ou de macarrão favorito por 40 minutos até ficar bem quente e borbulhar.

calorias, 179; proteína total, 9g; proteína de soja, 5g; gordura, 5g; carboidratos, 24g; cálcio, 170mg; fibras, 5g; sódio, 721mg.

Sobremesas

Tiramisu de Tofu

Rendimento: 10 a 12 porções

É necessário preparar esta sobremesa saborosa e nutritiva com um dia de antecedência. Rende muito, o que a torna ótima para recepções. Em italiano, tiramisu significa "levanta-me", e é tradicionalmente feito com queijo mascarpone e creme de leite. Queijo de iogurte de soja e tofu suave cremoso substituem esses alimentos ricos em gordura e colesterol no preparo de uma sobremesa que muitos desejam repetir. Arrume o tiramisu em uma travessa, uma taça grande ou pratos individuais.

Ingredientes

½ receita de Bolo de Cacau com Creme de Soja (p. 175)
2 xícaras de Queijo de Iogurte de Soja (p. 211)
300g de tofu suave firme
1 xícara do adoçante de sua escolha
1 colher (chá) de baunilha
½ xícara de água
4 colheres (sopa) de café solúvel
1 colher (chá) de extrato de café (opcional)
Raspas de chocolate meio amargo

Preparo

1. Prepare metade de uma receita de Bolo de Cacau com Creme de Soja e asse em uma forma de bolo de 23 x 33cm ou duas formas redondas de 21cm por 25 a 30 minutos.
2. Bata no liquidificador ou processador de alimentos o queijo de iogurte, o tofu, o adoçante e a baunilha até ficarem homogêneos e cremosos.

Preparo

3. Corte o bolo retangular ao meio, vertical e horizontalmente, ou os bolos redondos ao meio, horizontalmente, para fazer quatro camadas iguais. Você também pode cortar o bolo de modo que se encaixe em uma taça grande ou pratos individuais. Precisará de 4 camadas iguais de bolo para cada prato.
4. Misture a água, o café solúvel e o extrato de café.
5. Pincele um lado da camada inferior do bolo com cerca de 1 colher (sopa) do café líquido e vire o lado pincelado para baixo em uma travessa ou onde for servir. Pincele a parte de cima dessa camada com outra colher (sopa) do café líquido. Despeje ¼ da mistura de queijo de iogurte e tofu sobre a primeira camada e espalhe de modo uniforme. Repita o processo nas próximas 3 camadas. Cubra e leve à geladeira por 24 horas ou mais para que os sabores se misturem. Cubra com as raspas de chocolate e sirva.

Porção

calorias, 313; proteína total, 8g; proteína de soja, 5g; gordura, 7g; carboidratos, 52g; cálcio, 37mg; fibras, 3g; sódio, 167mg.

Ganache de Tofu e Chocolate

RENDIMENTO: CERCA DE 2 XÍCARAS

Esta é uma cobertura especial para quase todos os tipos de bolo. Experimente-a com o Bolo de Cacau com Creme de Soja (p. 175).

Ingredientes

300g de tofu suave
3 colheres (sopa) de xarope de milho
170g (1 xícara) de chocolate meio amargo ou amargo picado

Preparo

1. Bata o tofu com o xarope de milho até ficarem homogêneos e cremosos.
2. Ponha no microondas por 2 minutos, bata e leve de volta ao microondas por mais 1 minuto. Acrescente o chocolate picado, deixe-o derreter e bata novamente, até misturar bem.
3. Deixe a mistura esfriar. Em seguida, espalhe sobre o bolo. Leve à geladeira até ficar firme e sirva.

Porção

Por ¼ de xícara: calorias, 154; proteína total, 5g; proteína de soja, 3g; gordura, 10g; carboidratos, 11g; cálcio, 27mg; fibras, 2g; sódio, 25mg.

Brownies com Cheesecake de Tofu

RENDIMENTO: 16 PORÇÕES

Esses saborosos brownies sem ovo cobertos com cheesecake de tofu serão bem-vindos em qualquer reunião.

Ingredientes

Para a camada de brownie:
⅔ de xícara de leite de soja
3 colheres (sopa) de farinha de trigo sem branqueamento químico ou farinha integral fina
¼ de xícara de óleo
½ xícara de cacau
1 xícara de seu adoçante preferido
1 colher (chá) de baunilha
1 xícara de farinha de trigo sem branqueamento químico
2 colheres (sopa) de farinha de soja
1 colher (chá) de fermento em pó
¼ de colher (chá) de sal

Para a camada de cheesecake:
300g de tofu suave
½ xícara do adoçante de sua escolha
1 colher (sopa) de farinha de trigo sem branqueamento químico
1 colher (sopa) de suco de limão
2 colheres (chá) de baunilha

Preparo

1. Preaqueça o forno a 180°C.
2. *Camada de brownie*: Bata o leite de soja com 3 colheres (sopa) de farinha. *Método do fogão*: Cozinhe em fogo médio

mexendo constantemente, até engrossar. *Método do microondas*: Cozinhe em temperatura alta por 1 minuto, bata, cozinhe na mesma temperatura por mais 1 minuto e bata. Deixe esfriar completamente.

3. Bata o óleo, o cacau, o adoçante e a baunilha. Acrescente a mistura fria de leite de soja e farinha. Bata. Adicione 1 xícara de farinha, a farinha de soja, o fermento e o sal e bata até ficarem homogêneos. E espalhe uniformemente a massa em uma forma redonda de aro removível de 23cm untada com óleo.

4. *Camada de cheesecake*: Bata o tofu, ½ xícara de adoçante, 1 colher (sopa) de farinha, o suco do limão e 2 colheres (chá) de baunilha no liquidificador até ficarem homogêneos e cremosos. Coloque uniformemente a massa sobre a camada de brownie e asse por 1 hora. Resfrie e sirva.

Porção

calorias, 155; proteína total, 4g; proteína de soja, 2g; gordura, 5g; carboidratos, 26g; cálcio, 22mg; fibras, 2g; sódio, 53mg.

Louise Hagler

Cobertura Cremosa de Tofu

RENDIMENTO: 1 ½ XÍCARA

Essa é uma cobertura versátil e livre de colesterol que você pode usar em muitos doces diferentes.

Ingredientes

300g de tofu suave
3 colheres (sopa) do adoçante
   de sua escolha
1 colher (chá) de baunilha

Preparo

1. Bata todos os ingredientes no liquidificador ou processador de alimentos até ficarem homogêneos e cremosos.

Porção

Por ¼ de xícara: calorias, 49; proteína total, 2g; proteína de soja, 2g; gordura, 1g; carboidratos, 7g; cálcio, 11mg; fibras, 0g; sódio, 3mg.

Bolo de Cacau com Creme de Soja

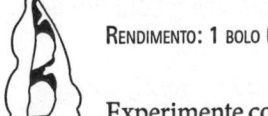

RENDIMENTO: 1 BOLO (16 PORÇÕES)

Experimente cobrir este bolo com Ganache de Tofu e Chocolate (p. 171) para preparar uma combinação que fará com que todos os desejos de chocolate sejam satisfeitos. Se você não tiver creme de soja, basta acrescentar uma colher (sopa) de limão ao seu leite de soja.

Ingredientes

1 xícara de farinha de trigo refinada sem branqueamento químico ou farinha integral fina
1 xícara de farinha integral para pastelaria ou farinha de trigo especial
¼ de xícara de farinha de soja
1 ½ colher (sopa) de bicarbonato de sódio
½ colher (chá) de sal
¾ de xícara de cacau
6 colheres (sopa) de óleo
2 xícaras de adoçante granulado
2 xícaras de creme de soja
2 colheres (sopa) de baunilha, café ou extrato de menta

Preparo

1. Preaqueça o forno a 180°C.
2. Misture as farinhas, o bicarbonato, o sal e o cacau.
3. Bata o óleo com o adoçante, o creme de soja e a baunilha. Acrescente os ingredientes secos e bata até ficarem homogêneos. Despeje em uma forma para bolo bundt (um tipo

de forma canelada com furo no meio) com capacidade para 12 xícaras e asse por 45 a 50 minutos, ou até o bolo voltar à posição normal quando você o tocar de leve com um dedo.

Porção: *calorias, 245; proteína total, 5g; proteína de soja, 2g; gordura, 6g; carboidratos, 42g; cálcio, 37mg; fibras, 4g; sódio, 72mg.*

Bolo de Cranberries, Nozes e Molho de Maçã

RENDIMENTO: 1 BOLO PEQUENO (12 PORÇÕES)

Esse é um bolo de frutas festivo para feriados ou qualquer dia do ano.

Ingredientes

1 ½ xícara de farinha integral para pastelaria ou farinha de trigo especial
½ xícara de farinha de soja
1 ½ colher (chá) de bicarbonato de sódio
½ colher (chá) de sal
1 ½ colher (chá) de canela
½ colher (chá) de gengibre
¼ de colher (chá) de pimenta-da-jamaica ou cravo-da-índia
⅛ de colher (chá) de noz-moscada
¼ de xícara de óleo
1 ½ xícara de adoçante granulado
1 xícara de suco de maçã sem adição de açúcar
1 ½ xícara (170g) de cranberries
½ xícara de nozes moídas

Preparo

1. Preaqueça o forno a 180°C.
2. Misture as farinhas com o bicarbonato de sódio, o sal e os temperos.
3. Bata o óleo com o adoçante e o suco de maçã. Acrescente a mistura seca e bata até ficar homogênea. Adicione os cranberries e as nozes. Despeje em uma forma para bolo bundt com capacidade para 6 xícaras e asse por cerca de

50 minutos. Deixe esfriar por uns 15 minutos antes de desenformar.

Porção *calorias, 247; proteína total, 4g; proteína de soja, 2g; gordura, 9g; carboidratos, 29g; cálcio, 18mg; fibras, 4g; sódio, 91mg.*

Bolo de Laranja Recheado com Creme de Tofu

RENDIMENTO: 16 PORÇÕES

Esse bolo coberto com raspas de laranja e recheio cremoso tem três camadas. A receita é adaptada de *Tofu Cookery*.

Ingredientes

Para a primeira camada:
1 xícara de farinha de trigo sem branqueamento químico ou farinha integral fina
½ xícara do adoçante granulado de sua escolha
2 colheres (sopa) de óleo
1 ½ colher (sopa) de raspas de laranja orgânica
½ colher (chá) de sal
½ xícara de nozes moídas

Para a segunda camada:
500g de tofu
½ xícara do adoçante de sua escolha
2 colheres (sopa) de amido de milho
1 colher (sopa) de baunilha
½ colher (chá) de sal

Para a terceira camada:
1 ½ xícara de leite de soja
1 xícara do adoçante de sua escolha
2 colheres (sopa) de óleo
4 colheres (sopa) de suco de laranja
2 xícaras de farinha de trigo sem branqueamento químico ou farinha integral fina
½ xícara de nozes moídas
2 colheres (chá) de fermento em pó
½ colher (chá) de bicarbonato de sódio

½ colher (chá) de canela
½ colher (chá) de sal
⅛ de colher (chá) de noz-moscada

Preparo

1. Preaqueça o forno a 180°C.
2. *Primeira camada*: Misture a farinha, o adoçante, o óleo, as raspas de laranja e o sal no processador de alimentos. Acrescente as nozes e continue a processar até moê-las. Aperte a mistura no fundo e nos lados de uma forma para bolo bundt.
3. *Segunda camada*: Bata os ingredientes da segunda camada no liquidificador ou processador de alimentos até ficarem homogêneos e cremosos. Despeje e espalhe sobre a primeira camada.
4. *Terceira camada*: Misture a farinha, as nozes, o fermento em pó, o bicarbonato de sódio, a canela e o sal. Bata o leite de soja com o adoçante, o óleo e o suco de laranja. Acrescente os ingredientes secos e bata até ficarem homogêneos. Despeje e espalhe sobre a segunda camada, tendo o cuidado de não misturar a segunda e a terceira camada. Asse por 40 a 45 minutos. Espere 15 minutos, solte dos lados da forma e desenforme em uma grade para esfriar.

Porção

calorias, 247; proteína total, 4g; proteína de soja, 2g; gordura, 9g; carboidratos, 29g; cálcio, 18mg; fibras, 4g; sódio, 91mg.

Bolo Bundt Aromatizado com Molho de Maçã

RENDIMENTO: 12 PORÇÕES

Se você tem okara sobrando, experimente usá-lo nesse bolo.

Ingredientes

1 xícara de farinha de trigo refinada sem branqueamento químico
1 xícara de farinha de trigo integral
1 colher (chá) de fermento em pó
½ colher (chá) de bicarbonato de sódio
1 colher (chá) de canela
¼ de colher (chá) de sal
¼ de colher (chá) de pimenta-da-jamaica
⅛ de colher (chá) de noz-moscada
2 colheres (sopa) de óleo de soja ou canola
¾ de xícara de mel ou do adoçante de sua escolha
1 xícara de molho de maçã
1 xícara de okara
½ colher (sopa) de raiz de gengibre fresca bem picada
¼ de xícara de passas de Corinto ou uva-passa

Preparo

1. Preaqueça o forno a 180°C.
2. Misture todos os ingredientes secos.
3. Em uma batedeira, misture o óleo, o mel, o molho de maçã, o okara e a raiz de gengibre até ficarem homogêneos e cremosos.
4. Acrescente os ingredientes secos à mistura molhada e bata até ficarem homogêneos. Adicione as uvas-passas e bata.

Preparo

5. Despeje em uma forma para bolo bundt com capacidade para 6 xícaras e asse por 35 a 40 minutos. Deixe esfriar por uns 15 minutos antes de desenformar.

Porção

calorias, 169; proteína total, 3g; proteína de soja, 0g; gordura, 3g; carboidratos, 33g; cálcio, 31mg; fibras, 3g; sódio, 48mg.

Recheio de Limão Mexicano

Rendimento: recheio para uma torta de 23cm (8 porções)

Esse recheio pode ser usado em tortas ou servido como pudim ou *parfait*.

Ingredientes

¾ de xícara de suco de limão fresco
2 ½ xícaras de leite de soja
1 xícara do adoçante de sua escolha
5 colheres (sopa) de amido de milho
2 colheres (chá) de raspas de limão orgânico

Preparo

1. Bata todos os ingredientes juntos até ficarem homogêneos.
2. *Método do microondas*: Despeje em um copo graduado ou uma tigela de 2L e cozinhe em temperatura alta por 10 minutos, parando para bater a cada 2 minutos. *Método do fogão*: Bata todos os ingredientes juntos em uma caçarola e cozinhe em fogo moderado, mexendo constantemente até a mistura engrossar e ficar cremosa.
3. Despeje em uma massa para torta ou pratos de servir e gele até ficar firme. Sirva com a Cobertura Cremosa de Tofu (p. 174) e decore com fatias de limão.

Porção

(Somente o recheio): calorias, 139; proteína total, 2g; proteína de soja, 2g; gordura, 1g; carboidratos, 30g; cálcio, 5mg; fibras, 1g; sódio, 9mg.

Cookies de Gengibre

Rendimento: 48 cookies de 8cm

Asse esses cookies festivos em feriados ou qualquer dia do ano.

Ingredientes

250g de tofu
1 xícara de sorgo ou melaço
¼ de xícara de óleo de soja
¼ de xícara de raiz de gengibre ralada
3 ½ xícaras de farinha de trigo sem branqueamento químico ou farinha integral fina
½ xícara de farinha de soja
2 colheres (chá) de gengibre
1 colher (chá) de bicarbonato de sódio
1 colher (chá) de canela
½ colher (chá) de sal
½ colher (chá) de pimenta-da-jamaica

Preparo

1. Bata o tofu, o sorgo, o óleo e a raiz de gengibre no liquidificador até ficarem homogêneos e cremosos. Despeje em uma tigela.
2. Misture os ingredientes secos e acrescente a mistura da tigela.
3. Preaqueça o forno a 180°C.
4. Abra a massa, deixando-a com 3 a 7mm de espessura e corte com cortadores de cookies. Arrume os cookies em uma assadeira e asse por 7 a 8 minutos até dourarem. Esfrie em grades e decore como desejar.

Porção

Por cookie: calorias, 72; proteína total, 2g; proteína de soja, 1g; gordura, 1g; carboidratos, 13g; cálcio, 29mg; fibras, 0g; sódio, 32mg.

Barras Toffu ou Tofe

RENDIMENTO: 24 BARRAS

Essas barras são uma variação bem-vinda das barras de chocolate.

Ingredientes

1 xícara de farinha de trigo sem branqueamento químico ou farinha integral fina
1 xícara de farinha integral para pastelaria ou farinha de trigo especial
¼ de xícara de leite de soja em pó
1 colher (chá) de fermento em pó ou ½ colher (chá) de bicarbonato de sódio e creme de soja
½ colher (chá) de sal
1 ½ xícara do adoçante granulado de sua escolha
¼ de xícara de óleo
1 colher (chá) de baunilha
½ xícara de leite de soja
1 xícara de pedacinhos de chocolate

Preparo

1. Preaqueça o forno a 180°C.
2. Misture as farinhas, o leite de soja em pó, o fermento e o sal.
3. Bata o adoçante com o óleo e a baunilha. Acrescente a mistura de leite de soja e farinha e bata até ficar homogênea. Espalhe a massa em uma assadeira untada de 23 x 33cm e asse por 20 minutos. Jogue os pedacinhos de chocolate uniformemente sobre a massa quente. Deixe-os assentar por alguns minutos até começarem a derreter e depois es-

palhe-os igualmente sobre toda a assadeira. Deixe esfriar e corte em 24 barras.

Porção

Por barra: calorias, 141; proteína total, 2g; proteína de soja, 1g; gordura, 5g; carboidratos, 23g; cálcio, 12mg; fibras, 1g; sódio, 46mg.

Macaroons* de Okara

RENDIMENTO: 24 BISCOITOS

Estes biscoitos vegetarianos são úmidos e elásticos como os macaroons.

Ingredientes

1 xícara de farinha de trigo refinada sem branqueamento químico ou farinha integral fina
½ xícara de farinha integral para pastelaria ou farinha de trigo especial
1 ½ colher (chá) de bicarbonato de sódio
½ colher (chá) de sal
1 ½ xícara de adoçante granulado
¼ de xícara de óleo
2 colheres (chá) de baunilha
2 xícaras de okara

Preparo

1. Preaqueça o forno a 180°C.
2. Misture as farinhas com o bicarbonato de sódio e o sal.
3. Bata o adoçante com o óleo e a baunilha. Acrescente o okara e a mistura de farinha. Bata.
4. Usando uma colher (sopa), forme os biscoitos com a massa e coloque-os em uma chapa untada. Asse por 10 a 12 minutos ou até dourarem.

Porção

Por biscoito: calorias, 78; proteína total, 1g; proteína de soja, 0g; gordura, 0g; carboidratos, 18g; cálcio, 17mg; fibras, 1g; sódio, 45mg.

---

*Biscoito clássico frâncês à base de amêndoas. (N. da T.)

Porção

Macaroons de Okara com Pedacinhos de Chocolate: Acrescente ½ xicara de pedacinhos de chocolate depois de bater a mistura de farinha.

Por biscoito: calorias, 96; proteína total, 1g; proteína de soja, 0g; gordura, 1g; carboidratos, 20g; cálcio, 18mg; fibras, 1g; sódio, 46mg.

Tapioca Fácil de Microondas

Rendimento: cerca de 6 xícaras

Eis um antigo prato favorito preparado com o uso de um método moderno. Se você não tiver um microondas, pode prepará-lo com o velho método da panela em banho-maria.

Ingredientes

½ xícara de tapioca pérola pequena-média
1 xícara de leite de soja
3 xícaras de leite de soja
1 ½ xícara do adoçante de sua escolha, ou adoce a gosto
2 colheres (chá) de baunilha

Preparo

1. Ponha ½ xícara de tapioca de molho em 1 xícara de leite de soja durante a noite.
2. Despeje 3 xícaras de leite de soja em uma tigela de vidro ou um copo graduado de 2L. Acrescente a tapioca que ficou de molho e o adoçante, usando um batedor de ovos. Ponha no microondas em temperatura alta por 6 minutos e bata.
3. Ponha no microondas por mais 2 minutos, bata e leve ao microondas por outros 2 minutos. Não deixe transbordar. Acrescente a baunilha, bata e despeje em pratos individuais ou em uma tigela. Sirva quente ou gelado.

Porção

Por ½ xícara: calorias, 118; proteína total, 2g; proteína de soja, 2g; gordura, 2g; carboidratos, 24g; cálcio, 16mg; fibras, 1g; sódio, 15mg.

Tapioca com Chocolate: Junto com a baunilha, acrescente 170g de pedacinhos de chocolate meio amargo e bata até dissolvê-los.

Porção

Por ½ xícara: calorias, 154; proteína total, 3g; proteína de soja, 2g; gordura, 3g; carboidratos, 24g; cálcio, 16mg; fibras, 2g; sódio, 16mg.

Parfait Crème de Tofu

Rendimento: 4 porções

Essa sobremesa cremosa e colorida é mostrada na capa.

Ingredientes

Para o creme de tofu:
300g de tofu suave
⅓ de xícara do adoçante de sua escolha
1 colher (sopa) de farinha de trigo sem branqueamento químico
1 colher (chá) de baunilha

Para o recheio de morango:
250g de morangos
¼ de xícara do adoçante de sua escolha
2 colheres (sopa) de amido de milho

Preparo

1. *Creme de tofu*: Bata o tofu, o adoçante e a farinha no liquidificador ou processador de alimentos até ficarem homogêneos e cremosos. *Método do microondas*: Cozinhe em temperatura alta por 3 minutos, e bata. *Método do fogão*: Cozinhe em fogo médio, mexendo constantemente, até engrossar. Despeje o creme de tofu uniformemente em 4 pratos individuais ou taças.

2. *Recheio de morango*: Bata o morango, o adoçante e o amido de milho no liquidificador ou processador de alimentos até ficarem homogêneos. *Método do microondas*: Cozinhe em temperatura alta por 2 minutos, bata, cozinhe por mais 2 minutos e bata novamente. *Método do fogão*: Cozinhe em fogo médio, mexendo constantemente, até engrossar. Despeje o recheio de morango uniformemente sobre o creme

de tofu. Gele até ficar firme e sirva com a Cobertura Cremosa de Tofu (p. 174).

Variação: Substitua o morango por outros "bagos" ou fruta silvestre. Experimente dobrar a receita e rechear a Massa de Soja para Torta (p. 194).

Porção

calorias, 173; proteína total, 6g; proteína de soja, 5g; gordura, 1g; carboidratos, 35g; cálcio, 10mg; fibras, 1g; sódio, 71mg.

Massa de Soja para Torta

Rendimento: 1 massa de 21cm (8 porções)

Essa massa macia com jeito de biscoito é especialmente boa para o preparo de torta de frutas ou cremosa.

Ingredientes

½ xícara de açúcar
2 colheres (sopa) de óleo de soja
½ colher (chá) de baunilha
¼ de xícara de água
2 colheres (sopa) de soja em pó
1 ¼ de xícara de farinha de trigo sem branqueamento químico ou farinha integral fina
1 colher (chá) de fermento em pó

Preparo

1. Preaqueça o forno a 180°C.
2. Ponha os ingredientes secos no processador de alimentos. Enquanto estiver funcionando, acrescente os ingredientes molhados e os processe apenas até misturá-los. Abra a massa em uma forma para torta. Faça furinhos na massa e asse-a por 20 minutos ou até dourar.

Porção

calorias, 140; proteína total, 3g; proteína de soja, 1g; gordura, 2g; carboidratos, 25g; cálcio, 32mg; fibras, 1g; sódio, 33mg.

Creme de Abóbora e Soja

RENDIMENTO: 1 TORTA DE 23CM

Eis uma torta cremosa e livre de colesterol para os feriados.

Ingredientes

500g de abóbora enlatada ou abóbora cozida no vapor
1 massa para torta de 23cm crua
2 xícaras de leite de soja
1 ½ xícara de açúcar mascavo
¼ de xícara de sorgo ou melaço
6 colheres (sopa) de amido de milho
2 colheres (chá) de canela
1 colher (chá) de gengibre
½ colher (chá) de noz-moscada
½ colher (chá) de sal

Preparo

1. Preaqueça o forno a 180°C.
2. Bata todos os ingredientes juntos no liquidificador ou processador de alimentos. Despeje sobre a massa para torta e asse por cerca de 1 hora ou até ficar firme.

Porção

calorias, 310; proteína total, 3g; proteína de soja, 2g; gordura, 8g; carboidratos, 54g; cálcio, 55mg; fibras, 3g; sódio, 303mg.

Sorvete de Iogurte de Soja com Amoras-pretas

RENDIMENTO: 5 XÍCARAS

Sempre mantenha o iogurte ou a mistura para sorvete o mais frio possível antes de pôr na máquina de sorvete. O tempo para gelar varia, mas geralmente é de 6 a 7 minutos por litro.

Ingredientes

3 xícaras de iogurte de soja
1 ½ xícara de amoras-pretas
1 xícara do adoçante de sua escolha
1 colher (chá) de lecitina de soja
⅛ de colher (chá) de sal

Preparo

1. Bata todos os ingredientes juntos no liquidificador até ficarem homogêneos e cremosos e gele de acordo com as instruções de sua máquina de sorvete.

Porção

Por xícara: calorias, 238; proteína total, 5g; proteína de soja, 4g; gordura, 5g; carboidratos, 43g; cálcio, 20mg; fibras, 4g; sódio, 73mg.

Sorvete de Iogurte de Soja com Manga

RENDIMENTO: 5 XÍCARAS

Um delicioso creme de manga doce e gelado.

Ingredientes

3 xícaras de iogurte de soja
1 ½ xícara de purê de manga
1 xícara do adoçante de sua escolha, ou adoce a gosto
1 colher (sopa) de lecitina de soja

Preparo

1. Bata todos os ingredientes juntos no liquidificador até ficarem homogêneos e cremosos e gele de acordo com as instruções de sua máquina de sorvete.

Porção

Por xícara: calorias, 288; proteína total, 4g; proteína de soja, 4g; gordura, 2g; carboidratos, 62g; cálcio, 14mg; fibras, 3g; sódio, 22mg.

Sorvete de Soja com Baunilha

RENDIMENTO: CERCA DE 5 XÍCARAS

Acrescentar óleo de soja à mistura torna esse delicioso sorvete mais cremoso, porém mais calórico.

Ingredientes

3 xícaras de leite de soja
1 xícara do adoçante de sua escolha
¼ de xícara de óleo de soja (opcional)
2 colheres (sopa) de baunilha
1 pitada de sal
1 colher (sopa) de lecitina de soja líquida

Preparo

1. Bata todos os ingredientes juntos no liquidificador até ficarem homogêneos e cremosos e gele de acordo com as instruções de sua máquina de sorvete.

Por xícara: calorias, 215; proteína total, 4g; proteína de soja, 4g; gordura, 5g; carboidratos, 38g; cálcio, 6mg; fibras, 2g; sódio, 39mg.

Sorvete de Soja com Pêssego

RENDIMENTO: CERCA DE 6 XÍCARAS

Experimente esse sorvete na estação do pêssego, quando a fruta é mais doce e abundante.

Ingredientes

3 xícaras de leite de soja
1 ½ xícara de pêssegos frescos ou congelados fatiados
1 xícara do adoçante de sua escolha, ou adoce a gosto
¼ de xícara de óleo de soja (opcional)
1 colher (sopa) de lecitina de soja
1 colher (chá) de baunilha
⅛ de colher (chá) de sal

Preparo

1. Bata todos os ingredientes juntos no liquidificador até ficarem homogêneos e cremosos e gele de acordo com as instruções de sua máquina de sorvete. Se você preferir pedaços de pêssego, pique as frutas separadamente e acrescente-as à mistura de leite de soja antes de colocá-la para gelar.

Porção

Por xícara: calorias, 177; proteína total, 5g; proteína de soja, 4g; gordura, 2g; carboidratos, 35g; cálcio, 9mg; fibras, 3g; sódio, 73mg.

Bebidas e iogurtes

Batida de Soja

Rendimento: 2 xícaras

Sirva essa bebida livre de colesterol para comemorar os feriados.

Ingredientes

2 xícaras de leite de soja
¼ de xícara do adoçante de sua escolha
1 colher (chá) de baunilha
¼ de colher (chá) de extrato de rum
1 pitada de noz-moscada

Preparo

1. Bata todos os ingredientes no liquidificador até ficarem homogêneos e cremosos. Sirva quente ou fria.

Porção

Por xícara: calorias, 209; proteína total, 7g; proteína de soja, 7g; gordura, 4g; carboidratos, 37g; cálcio, 12mg; fibras, 3g; sódio, 31mg.

Chocolate Quente com Leite de Soja

RENDIMENTO: 2 XÍCARAS

Pode ser servido quente ou frio.

Ingredientes

2 xícaras de leite de soja
2 colheres (sopa) de cacau em pó
4-5 colheres (sopa) do adoçante de sua escolha, ou adoce a gosto

Preparo

1. Bata todos os ingredientes no liquidificador até ficarem homogêneos e espumantes.

Por xícara: calorias, 203; proteína total, 8g; proteína de soja, 7g; gordura, 4g; carboidratos, 31g; cálcio, 18mg; fibras, 5g; sódio, 31mg.

Shake de Soja com Banana e Cacau ou Alfarroba

Rendimento: 3 xícaras (2 porções)

Esse shake espumante é um lanche nutritivo.

Ingredientes

1 xícara de leite de soja
½ banana média fresca ou congelada
3 colheres (sopa) do adoçante de sua escolha, ou adoce a gosto
1 colher (sopa) de cacau ou alfarroba em pó

Preparo

1. Bata todos os ingredientes no liquidificador até ficarem homogêneos e espumantes.

Porção

Por xícara: calorias, 337; proteína total, 9g; proteína de soja, 7g; gordura, 5g; carboidratos, 63g; cálcio, 27mg; fibras, 8g; sódio, 34mg.

Café au Lait de Soja

Rendimento: 1 xícara

Essa é uma bebida leve e sem cafeína.

Ingredientes

1 xícara de leite de soja
1-2 colheres (sopa) do adoçante de sua escolha, ou adoce a gosto
4 colheres (sopa) de mistura solúvel de cereais, ou a gosto

Preparo

1. Bata todos os ingredientes no liquidificador até ficarem homogêneos e espumantes. Sirva frio ou quente.

Porção

Por xícara: calorias, 147; proteína total, 7g; proteína de soja, 7g; gordura, 4g; carboidratos, 21g; cálcio, 10mg; fibras, 3g; sódio, 29mg.

Vitamina de Soja com Frutas Silvestres

RENDIMENTO: 3 XÍCARAS (2 PORÇÕES)

Ingredientes

2 xícaras de leite de soja
1 xícara de blueberries, morangos, framboesas ou
   amoras-pretas, ou 250g de morangos congelados,
   ou 125g de blueberries congelados
¼ de xícara do adoçante de sua escolha,
   ou adoce a gosto
1 colher (chá) de baunilha

Preparo

1. Bata todos os ingredientes no liquidificador até ficarem homogêneos e espumantes. Sirva imediatamente.

Porção

calorias, 250; proteína total, 7g; proteína de soja, 7g; gordura, 4g; carboidratos, 46g; cálcio, 17mg; fibras, 5g; sódio, 36mg.

Louise Hagler

Shake de Soja com Banana e Pêssego

RENDIMENTO: 2 XÍCARAS

Ingredientes

1 xícara de leite de soja
½ xícara (125g) de pêssegos frescos ou congelados
½ banana média fresca ou congelada
2 colheres (sopa) do adoçante de sua escolha, ou adoce a gosto
½ colher (chá) de baunilha

Preparo

1. Bata todos os ingredientes no liquidificador até ficarem homogêneos e espumantes.

Porção

calorias, 135; proteína total, 4g; proteína de soja, 4g; gordura, 2g; carboidratos, 25g; cálcio, 10mg; fibras, 3g; sódio, 15mg.

Iogurte de Soja

RENDIMENTO: 1 GALÃO (4,5L)

É um alimento cremoso e azedo, feito do mesmo modo que o iogurte comum. O processo é simples, mas exige tempo. Eu uso potes de vidro de 500mL ou 1L com tampa e leite de soja quente de fabricação própria. Você pode preparar o próprio leite de soja ou usar leite de soja em pó ou em embalagens assépticas e de sabor natural. O iogurte de soja pode ser conservado por até duas semanas na geladeira.

Ingredientes

1 galão de leite de soja (4,5L)
Potes de vidro com tampa
1 concha ou xícara
1 colher (sopa) inox
Pinças
Termômetro de açúcar (opcional)
1 xícara de iogurte ativo ou vivo,
   ou uma cultura para iogurte

Preparo

1. Comece esterilizando os potes e o equipamento. Use uma panela grande o suficiente para acomodar os potes, as tampas, a concha ou a xícara (para retirar o leite de soja quente), a colher (para mexer a cultura do iogurte), as pinças (para erguer os potes quentes) e o termômetro. Cubra e ferva por no mínimo 20 minutos.
2. Ferva o leite, mexendo constantemente. Com as pinças, tire os potes da panela e coloque com as bocas viradas para cima sobre uma toalha. Com a concha ou a xícara, ponha o

leite de soja nos potes esterilizados, deixando espaço para acrescentar 1 a 2 colheres (sopa) de cultura de iogurte. Coloque as tampas frouxamente sobre os potes, mas não os feche. Deixe o leite esfriar até 40°C ou até sentir o pote morno com a parte interna do punho, mas não pelando. Você pode levantar a tampa e verificar a temperatura com o termômetro esterilizado.

3. Acrescente 1 colher (sopa) de qualquer iogurte natural com uma cultura viva para cada 500mL de leite de soja. Verifique o rótulo para se certificar de que a cultura está viva. Se você não quiser usar cultura láctica, há culturas vegetarianas secas à venda na maioria das lojas de produtos naturais e saudáveis. Siga as instruções da embalagem para usar a quantidade certa. Mexa rapidamente a cultura com a colher esterilizada e tampe bem.

4. Coloque os potes em uma bolsa térmica resistente ou caixa de isopor (sem o gelo, é claro). Deixe o iogurte incubar por 2 a 6 horas até ficar firme. Estará pronto quando se separar facilmente dos lados do pote quando este for levemente inclinado. Ponha o iogurte pronto na geladeira. Um método de incubação alternativo é dobrar uma colcha grossa ao meio, com uma toalha no centro para evitar gotejamentos, pôr os potes fechados no meio e depois dobrar a colcha por cima, prendendo-a com alfinetes. Outro método é enrolar os potes em um cobertor elétrico em temperatura baixa.

Porção

Por xícara: calorias, 82; proteína total, 7g; proteína de soja, 7g; gordura, 4g; carboidratos, 4g; cálcio, 17mg; fibras, 3g; sódio, 32mg.

Queijo de Iogurte de Soja

Rendimento: 2 xícaras

É um queijo de sabor azedo que pode ser usado como o queijo cremoso. Experimente-o no Tiramisu de Tofu (p. 169).

Ingredientes

1L de Iogurte de Soja (p. 209)
Filtro de café
Coador

Preparo

1. Ponha o filtro de café no coador, dentro de uma tigela, e despeje o iogurte de soja no filtro. Cubra e deixe na geladeira até o líquido parar de escorrer (por cerca de 24 horas).

Porção

Por ¼ de xícara: calorias, 40; proteína total, 4g; proteína de soja, 4g; gordura, 2g; carboidratos, 2g; cálcio, 5mg; fibras, 2g; sódio, 15mg.

Índice

A
Almôndegas de Proteína de Soja, **141**
Almôndegas de Tofu e Espinafre, **163**

B
Barras Toffu ou Tofe, **186**
Batida de Soja, **203**
Bebidas e iogurtes, **201**
Biscoitos Rápidos de Soja, **52**
Bolo Bundt Aromatizado com Molho de Maçã, **181**
Bolo de Cacau com Creme de Soja, **175**
Bolo de Cranberries, Nozes e Molho de Maçã, **177**
Bolo de Laranja Recheado com Creme de Tofu, **179**
Brotos de Soja, **84**
Brownies com Cheesecake de Tofu, **172**
Burritos de Soja, **75**

C
Café-da-manhã, lanche e pães, **41**
Café au Lait de Soja, **206**
Café de Soja, **83**
Chili Rápido, **138**

C
Chocolate Quente com Leite de Soja, **204**
Churrasco de Soja, **80**
Churrasco de Tempeh, **126**
Churrasco de Tofu, **125**
Cobertura Cremosa de Tofu, **174**
Cookies de Gengibre, **184**
Creme de Abóbora e Soja, **195**
Crepes de Soja, **53**
Croquetes de Okara, **66**

D
Dip Califórnia de Tofu, **98**
Dip Cremoso de Tofu e Coentro, **96**
Dip ou Molho de Mostarda, Mel e Missô, **100**
Dip ou Pasta de Endro, Tofu e Missô, **99**

E
Empadão, **134**
Enchiladas, **131**
Enroladinhos de Soja, **68**

G
Ganache de Tofu e Chocolate, **171**
Granola com Okara, **69**

H
Hambúrgueres de Proteína de Soja e Tofu, **146**
Hambúrgueres de Soja, **81**

I
Iogurte de Soja, **209**

J
Jerk de Tempeh ou Tofu, **127**

K
Kebabs de Tempeh Agridoces, **129**

M
Macaroons de Okara, **188**
Massa de Soja para Torta, **194**
Migas de Tofu, **45**
Molho Country Cremoso, **50**
Molho Cremoso de Cogumelos, **94**
Molho de Gengibre e Missô, **91**
Molho de Missô para Salada, **93**
Molho de Tahini e Missô, **92**
Molho Picante de Tofu para Salada, **102**
Molhos, pastas e dips, **89**
Molho Tártaro, **101**
Muffins de Farelo e Okara, **58**
Muffins de Soja e Blueberry sem Ovo, **59**

N
Nozes de Soja, 86
Nuggets com Mostarda e Mel, 154

P
Palitos de Tempeh, 48
Pão de Soja e Trigo Light com Alto Teor de Proteína, 60
Pão de Tofu, 162
Pão de Trigo e Okara, 64
Pão Multigrãos com Batata e Soja, 62
Parfait Crème de Tofu, 192
Pasta de Tofu e Missô, 95
Pasta Picante de Tempeh, 97
Pastrami de Yuba, 133
Picadinho de Batata com Proteína de Soja, 47
Pratos principais, 123
Proteína de Soja com Sabor de Salsicha, 49

Q
Queijo de Iogurte de Soja, 211

R
Rabanada sem Ovo, 55
Recheio de Limão Mexicano, 183
Recheio de Taco ou Burrito, 139
Recheio para Massas de Tofu e Espinafre, 165

Salada de Batata e Tofu sem Ovo, **120**

Salada de Macarrão Parafuso e Tempeh, **115**

Salada de Quatro Feijões, **122**

Salada de Tofu sem Ovo, **121**

Salada Grega à Moda Asiática, **113**

Salada Tailandesa de Macarrão, **117**

Salada Tunempeh, **119**

Shake de Soja com Banana e Cacau ou Alfarroba, **205**

Shake de Soja com Banana e Pêssego, **208**

Sloppy Joe, **156**

Soba com Tofu e Amendoim, **158**

Sobremesas, **167**

S Soja Assada, **79**

Soja Cozida sob Pressão, **73**

Soja integral, **71**

Soja Verde na Vagem, **78**

Sopa-creme de Soja e Aipo, **109**

Sopa-creme de Soja e Batata, **110**

Sopa de Hortaliças e Missô, **112**

Sopa de Soja Verde, **107**

Sopa de Somen e Missô, **105**

Sopa de Tofu e Missô, **106**

Sopa de Três Feijões, **108**

Sopas e saladas, **103**

Sorvete de Iogurte de Soja com Amoras-pretas, **196**

S
- Sorvete de Iogurte de Soja com Manga, **197**
- Sorvete de Soja com Baunilha, **198**
- Sorvete de Soja com Pêssego, **199**
- Suflê de Batata e Tofu, **148**
- Suflê de Soja, **145**

T
- Tamales, **143**
- Tapioca Fácil de Microondas, **190**
- Tempeh ao Curry, **136**
- Tiramisu de Tofu, **169**
- Tofu à Moda Tailandesa com Molho de Amendoim, **160**
- Tofu ao Forno, **150**
- Tofu Grelhado com Amêndoa, **149**
- Tofu Mexido, **43**
- Tofu ou Tempeh com Gengibre e Limão, **152**
- Tortillas de Soja e Trigo, **76**

V
- Vitamina de Soja com Frutas Silvestres, **207**

W
- Waffles ou Panquecas de Soja, **56**

Y
- Yuba Mexida, **46**

Leia também

***Dieta Vegetariana do Regency House Spa*, John B. Nowakowski**
Uma alimentação balanceada favorece o desenvolvimento de um corpo saudável, uma mente sã e um espírito em paz com o mundo. Consciente dessa realidade, o chef John B. Nowakowski dedica-se a oferecer aos hóspedes do Regency House Spa – um resort dedicado aos princípios da saúde holística – pratos vegetarianos extremamente saborosos e elegantes. Com estas receitas, que incluem comidas típicas e sugestões de dietas baseadas em refeições leves e nutritivas, você poderá desfrutar dos benefícios desse famoso spa em sua própria casa.

***Comer com Sabedoria*, Ana Beatriz Vieira Pinheiro**
Em *Comer com sabedoria*, Ana Beatriz V. Pinheiro, nutricionista especializada em Dietética Energética Chinesa, apresenta o caminho para uma alimentação saudável a partir dos princípios da medicina tradicional chinesa.
Os ensinamentos da autora são de fácil aplicação no dia-a-dia e transmitem de maneira clara a essência da Dietética Funcional. Você aprenderá como o sabor e as cores dos alimentos atuam em nosso organismo e quais as melhores combinações para manter um estilo de vida saudável e equilibrado.

Você pode adquirir os títulos da Editora Nova Era
por Reembolso Postal e se cadastrar para
receber nossos informativos de lançamentos
e promoções. Entre em contato conosco:

mdireto@record.com.br

Tel.: (21) 2585-2002
Fax.: (21) 2585-2085
De segunda a sexta-feira,
das 8h30 às 18h.

Caixa Postal 23.052
Rio de Janeiro, RJ
CEP 20922-970

Válido somente no Brasil.

Visite a nossa home page

www.editorabestseller.com.br

Este livro foi composto na tipologia Rotis Sans Serif, em corpo
10/15,9, e impresso em papel off-white 80g/m² no Sistema Cameron
da Divisão Gráfica da Distribuidora Record.